le français et la vie

1

Gaston MAUGER
Directeur honoraire
de l'École Internationale
de langue et de civilisation
françaises

Maurice BRUÉZIÈRE
Directeur
de l'École Internationale
de langue et de civilisation
françaises

avec la collaboration de

Suzanne MERCIER et **René GEFFROY**
Directrice du laboratoire
de phonétique de
l'Alliance française

Conseiller pédagogique
auprès des Services culturels
de l'Ambassade de France à Rome.

HACHETTE - 79, boulevard St-Germain, Paris-VIᵉ

Couverture :
Dessin de David Pascal,
La rue de la Huchette, à Paris.

Illustrations de Cyril.

I.S.B.N. 2.01.007942.6.

Préface

Il y a vingt ans déjà que l'Alliance Française, le Directeur et les Professeurs de son École de Paris ont proposé à tous les maîtres étrangers et français une méthode pratique d'apprentissage de notre langue et de connaissance de notre civilisation. Cette méthode, « le Mauger », s'est imposée par sa qualité et son efficacité.

Fruit d'une longue tradition universelle et, aussi, d'une expérience quotidienne de l'enseignement, que l'auteur a su rationaliser, elle a fait l'objet, au cours des années, d'un certain nombre de révisions. Des échanges de vue avec les Alliances du monde entier, des recherches poursuivies chez nous et ailleurs, nous ont permis de la renouveler ou de la compléter, notamment dans l'emploi du matériel audio-visuel.

Sans prétendre remplacer le célèbre « livre bleu », promis à une carrière encore longue, nous avons jugé que le moment était venu de doter les Alliances et tous les établissements qui font confiance à leurs conceptions pédagogiques, d'un nouvel outil d'enseignement. Les auteurs se sont mis au travail dès 1966, et M. Gaston Mauger, maître d'œuvre, M. Maurice Bruézière, son successeur à la direction de l'École de Paris, aidés de professeurs ayant fait leurs preuves tant en France qu'à l'étranger, ont conduit pas à pas la besogne à son terme.

Soumis à l'examen critique de quelque cinquante enseignants choisis parmi les plus avertis, le manuscrit a été revu et remanié à la lumière des observations reçues et l'ouvrage se présente aujourd'hui comme une synthèse du savoir linguistique et de la compétence pédagogique des meilleurs.

Il s'agit certes d'une méthode audio-visuelle, mais d'abord d'un *manuel* : le mot exprime à la fois la modestie et l'ambition de notre entreprise. Nous n'entendons pas nous substituer au professeur ni dispenser l'étudiant de tout effort. Nous voulons simplement les guider, avec fermeté, mais sans rigueur excessive. D'où la présentation adoptée – dialogues, illustrations, tableaux, exercices, variétés – qui se veut aussi nette, aussi logique, aussi avenante que possible.

Le français qu'on enseignera grâce à ce « nouveau Mauger », ne sera pas un français réduit ou appauvri, mais un français juste et de bon aloi, dont l'acquisition se fera progressivement. Nos livres pourront suffire, mais nous leur avons donné les auxiliaires audio-visuels les plus nouveaux; seuls ou avec ces auxiliaires, ils conduiront, d'une démarche sûre et rapide, à la pratique d'une langue *utile et belle*. Notre ouvrage ne s'asservit pas à la mode — elle règne en pédagogie comme ailleurs —, mais il utilise avec discernement le résultat des recherches les plus récentes et les données de l'expérience la plus éprouvée.

Nous avons l'audace d'estimer que nous venons de mettre au point, avec le concours de la librairie Hachette, un instrument de connaissance et de travail, qui fera son chemin et obtiendra un franc succès.

Marc BLANCPAIN
*Secrétaire Général
de l'Alliance Française*

Avertissement

La nouvelle méthode que nous présentons ici répond, croyons-nous, aux vœux des maîtres qui, fidèles de longues années au « Cours de Langue et Civilisation françaises » souhaitaient cependant renouveler leur enseignement.

Elle est entièrement différente du « Cours de Langue et de Civilisation » : tout en faisant sa place à la réalité française, elle tend essentiellement à l'acquisition des structures linguistiques et à leur fixation dans les automatismes de l'élève.

Le livre est accompagné d'un matériel audio-visuel (films et bandes notamment) mais il est conçu pour être également *utilisé seul*, si les maîtres préfèrent maintenir un contact direct et personnel avec leur classe.

Notre ouvrage comprendra trois degrés qui couvriront la matière traitée par les deux premiers tomes du « Cours de Langue et Civilisation ».

Le premier degré offre 28 leçons, précédées d'une double introduction phonétique :
1° *les sons et le mot*, ensemble de 38 mots clés que le professeur fera travailler en tout premier lieu, pour l'acquisition des articulations correctes du français ;
2° *les sons et la phrase*, ensemble de 38 phrases très simples correspondant aux 19 voyelles et semi-voyelles du français et permettant non seulement de fixer les sons acquis au moyen des mots clés, mais encore et surtout, d'initier les élèves à *quelques structures grammaticales essentielles*, qu'ils retrouveront au cours des leçons du livre.
Il serait bon que le professeur exerce les élèves à retenir cet ensemble structural *avant* toute étude des dialogues. L'assimilation des tours offerts par les 28 leçons en sera facilitée.

Quant aux leçons proprement dites, elles comportent :
1° un dialogue de *20 répliques* illustrées chacune d'un dessin expressif et simple, où le personnage qui parle est cerné d'un trait gras ;
2° des *tableaux structuraux* destinés à l'élocution spontanée ;
3° un *tableau de grammaire* d'où est bannie en principe toute nomenclature et qui résume de façon concrète les nouveautés grammaticales de la leçon ;

4º des *exercices* (que le professeur pourra pratiquer oralement ou par écrit) conçus pour aider l'élève dans la construction réfléchie des phrases;

5º des *variétés* illustrées qui ouvriront à l'étudiant de nouvelles perspectives sur la vie en France et enrichiront son vocabulaire;

6º enfin, toutes les sept leçons, une double page de *photographies* « la France en images ».

Telle est la matière de ce livre. Telles furent nos intentions. A nos collègues maintenant de juger si l'ouvrage est bon et fait de main d'ouvrier.

G. MAUGER   M. BRUÉZIÈRE

Les sons et le mot

Voyelles antérieures   *Langue en avant*
Ouverture progressive de la bouche

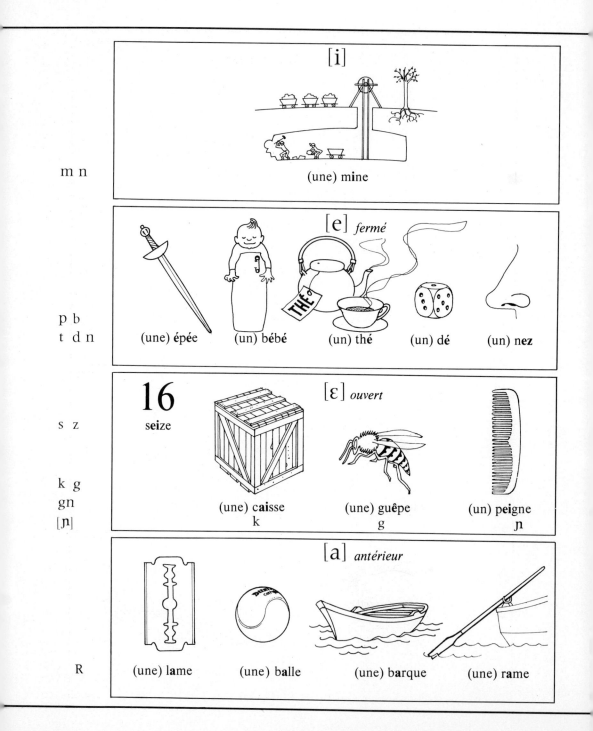

[i]

m n   (une) mine

[e] *fermé*

p b
t d n   (une) épée   (un) bébé   (un) thé   (un) dé   (un) nez

16   [ɛ] *ouvert*

s z   seize

k g
gn   (une) caisse   (une) guêpe   (un) peigne
[ɲ]   k   g   ɲ

[a] *antérieur*

R   (une) lame   (une) balle   (une) barque   (une) rame

Voyelles postérieures

Langue reculée.
Fermeture progressive de la bouche.
Lèvres avancées et arrondies à partir de [ɔ] *ouvert.*

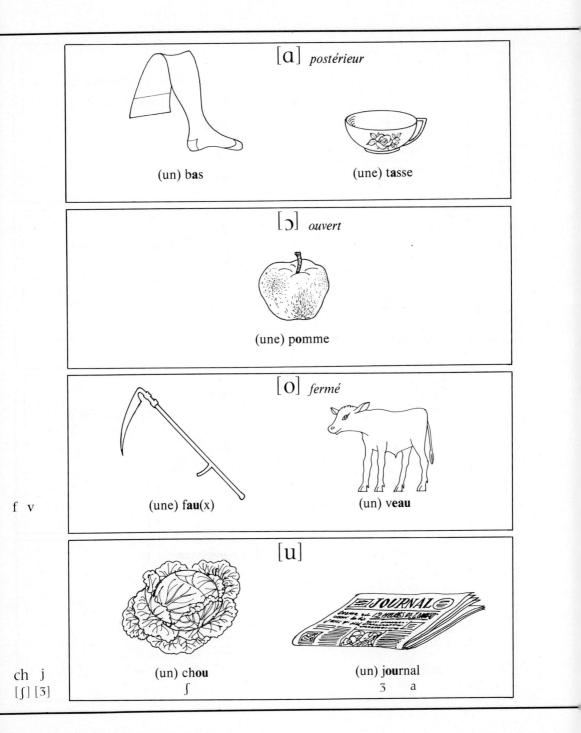

[a] *postérieur*

(un) bas

(une) tasse

[ɔ] *ouvert*

(une) pomme

[o] *fermé*

(une) fau(x)

(un) veau

[u]

(un) chou
ʃ

(un) journal
ʒ   a

f   v

ch   j
[ʃ] [ʒ]

Les sons et le mot

Voyelles composées   *Langue en avant*

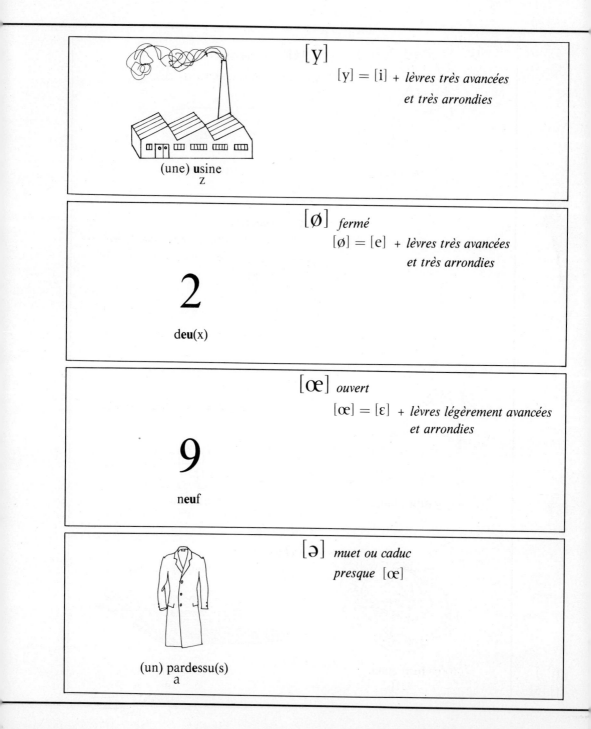

[y]

[y] = [i] + *lèvres très avancées et très arrondies*

(une) **us**ine
z

[ø] *fermé*

[ø] = [e] + *lèvres très avancées et très arrondies*

2

d**eu**(x)

[œ] *ouvert*

[œ] = [ɛ] + *lèvres légèrement avancées et arrondies*

9

n**eu**f

[ə] *muet ou caduc*
presque [œ]

(un) pard**e**ssu(s)
a

4

Voyelles nasales *(un peu d'air passe par le nez)*

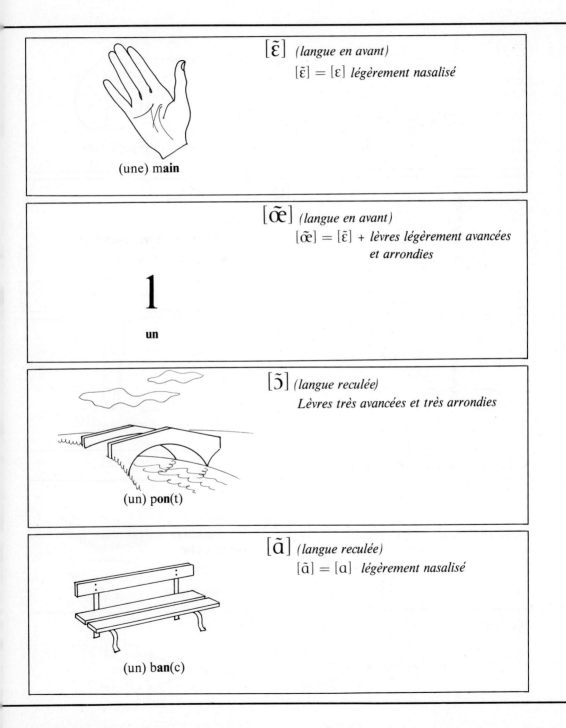

[$\tilde{\varepsilon}$] *(langue en avant)*

[$\tilde{\varepsilon}$] = [ε] *légèrement nasalisé*

(une) m**ain**

[$\tilde{œ}$] *(langue en avant)*

[$\tilde{œ}$] = [$\tilde{\varepsilon}$] + *lèvres légèrement avancées et arrondies*

1

un

[$\tilde{ɔ}$] *(langue reculée)*

Lèvres très avancées et très arrondies

(un) p**on**(t)

[$\tilde{a}$] *(langue reculée)*

[$\tilde{a}$] = [a] *légèrement nasalisé*

(un) b**an**(c)

Les sons et le mot

Semi-voyelles ou semi-consonnes

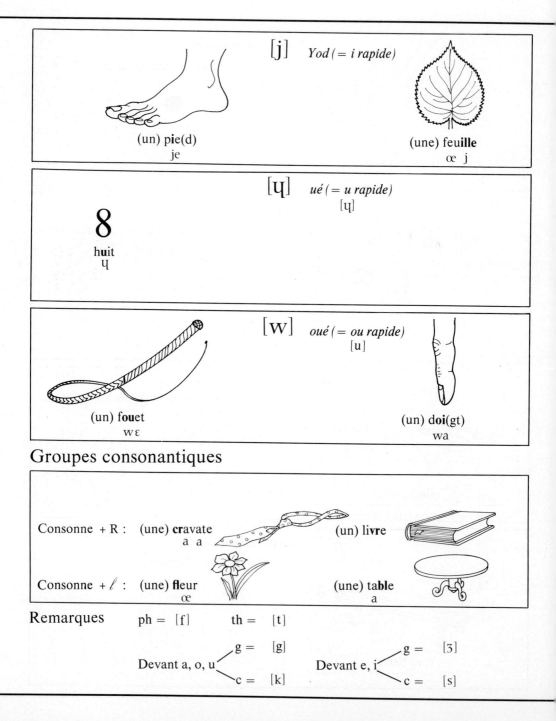

[j] *Yod (= i rapide)*

(un) pie(d)
je

(une) feu**ille**
œ j

[ɥ] *ué (= u rapide)*
[ɥ]

8
huit
ɥ

[w] *oué (= ou rapide)*
[u]

(un) **fou**et
w ε

(un) **doi**(gt)
wa

Groupes consonantiques

Consonne + R : (une) **cravate** (un) **livre**
a a

Consonne + *l* : (une) **fleur** (une) **table**
œ a

Remarques ph = [f] th = [t]

Devant a, o, u g = [g] Devant e, i g = [ʒ]

c = [k] c = [s]

6

Les sons et la phrase

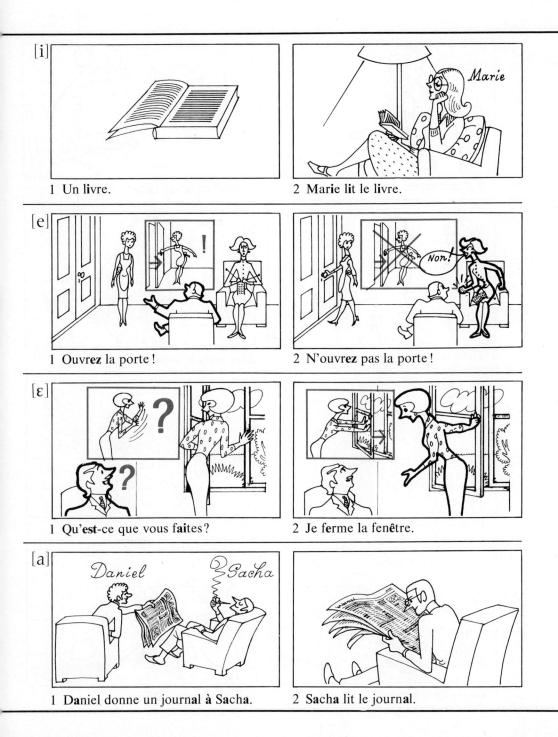

[i]
1 Un livre.
2 Marie lit le livre.

[e]
1 Ouvrez la porte !
2 N'ouvrez pas la porte !

[ɛ]
1 Qu'est-ce que vous faites ?
2 Je ferme la fenêtre.

[a]
1 Daniel donne un journal à Sacha.
2 Sacha lit le journal.

Les sons et la phrase

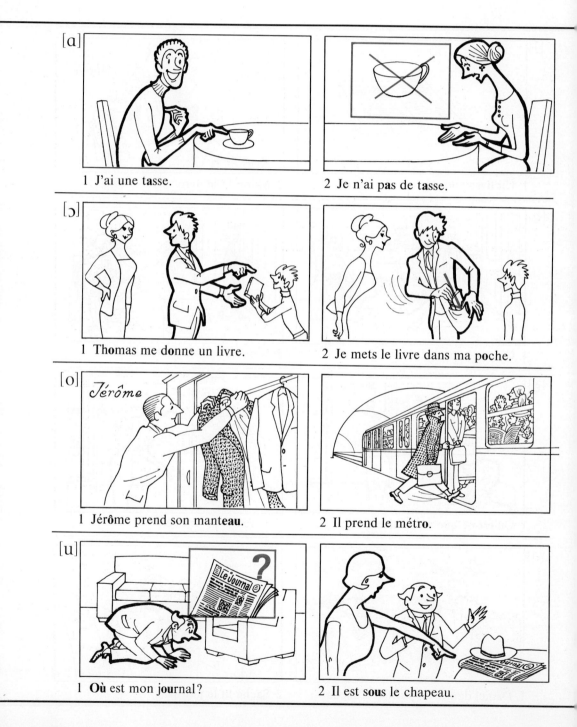

[a]
1 J'ai une tasse.
2 Je n'ai pas de tasse.

[ɔ]
1 Thomas me donne un livre.
2 Je mets le livre dans ma poche.

[o]
Jérôme
1 Jérôme prend son manteau.
2 Il prend le métro.

[u]
1 Où est mon journal?
2 Il est sous le chapeau.

[y]

1 C'est **une** f**u**sée.

2 Avec la f**u**sée, je vais s**u**r la l**u**ne.

[ø]

1 Madame, je p**eu**x fumer?

2 Oui, Monsieur, je v**eu**x bien.

[œ]

1 La maison a n**eu**f étages!

2 Prenez l'ascens**eu**r!

[ə]

1 Qu'est-ce que vous dites?

2 **Je** dis que **je** pars.

Les sons et la phrase

[ɛ̃]
1 Combien y a-t-il de pains?
2 Il y a cinq pains.

[œ̃]
1 Oh! elle met du parfum!
2 Je n'aime pas le parfum!

[ɔ̃]
1 C'est mon nom.
2 J'écris mon nom.

[ɑ̃]
1 Il faut monter dans l'avion!
2 Il faut descendre!

[j]

1 Prenez l'escalier !

2 Essuyez vos pieds !

[ɥ]

1 Il est huit heures.

2 Il fait nuit.

[w]

1 Qu'est-ce que tu **bois**, **toi** ?

2 **Moi**, je **bois** du **whisky**.

Marco arrive à Paris

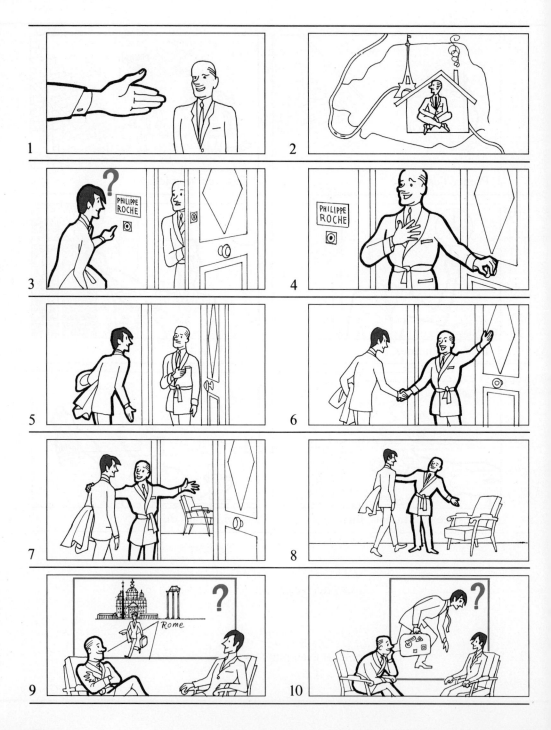

1		Voilà Monsieur Roche. mə-sjø ɔ
2		Monsieur Roche habite à Paris. a a a
3	*Marco Boni* a o ɔ	Monsieur Roche, s'il vous plaît? ɛ
4	*M. Roche*	C'est moi. wa
5	*Marco*	Bonjour, Monsieur, je suis Marco Boni. ɔ̃ ʒ ɥi
6	*M. Roche*	Ah! Bonjour Marco. ɑ
7		Entrez, s'il vous plaît. ɑ̃ e
8		Asseyez-vous. a-se-je
9		Vous arrivez de Rome, n'est-ce pas? a ɔ ɑ
10		Vous n'êtes pas fatigué? ɛ a

Marco arrive à Paris

Plan proposé pour l'étude des dialogues :

I. Présentation par le film ou le livre seul, texte caché (2 fois).

II. Explication : questions et réponses sur chaque image.

III. Répétition et mémorisation; difficultés phonétiques.

IV. Exercices de réemploi sur les images :
  par exemple : 1) *Voilà John Bell, voilà Pablo Murillo*. 2) *John Bell, s'il vous plaît? — C'est moi. — Oui, c'est lui*, etc.

V. Reconstitution du dialogue. — VI. Lecture.

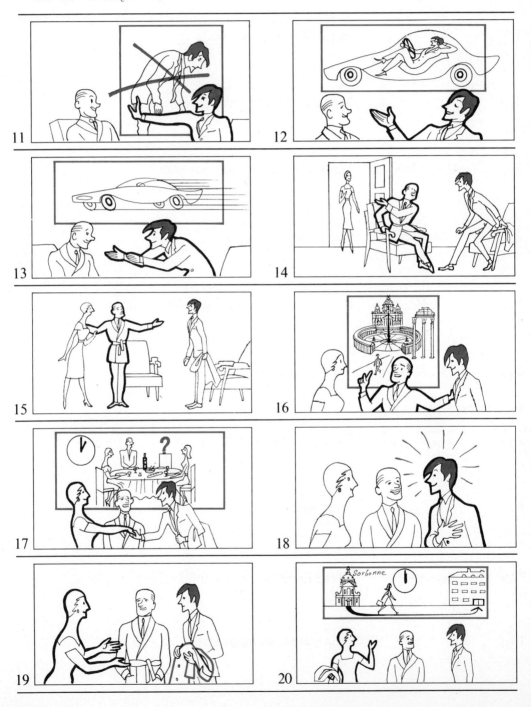

11	*Marco*	Non, je ne suis pas fatigué.
12		Ma voiture est confortable
13		et rapide.
14	*M. Roche*	Ah ! voilà ma femme.
15		Françoise, c'est Marco Boni.
16		Il arrive de Rome.
17	*Mme Roche*	Bonjour, Marco, vous déjeunez avec nous ?
18	*Marco*	Oui, merci, Madame.
19	*Mme Roche*	Bon. Donnez votre manteau, s'il vous plaît.
20		Sophie rentre de la Sorbonne à midi.

Tableaux structuraux — Mode d'emploi

I. Le professeur **lit** les diverses phrases en les **construisant** d'après les diagrammes.
Exemples n° 1 : *Monsieur Roche ? – Ce n'est pas moi.*
        ou : *Monsieur Roche ? – C'est moi.*
II. Le professeur charge **plusieurs étudiants** de lire eux-mêmes (*une phrase* par étudiant, question ou réponse).
Exemple : – (John Miller) *Votre voiture est rapide ?* – (Pedro Cervantès) *Oui, elle est rapide.*
III. Le professeur fait **fermer** les livres et propose de **nouveaux** dialogues (sur les constructions du tableau), en utilisant, par exemple, « Les sons et le mot » (pages 2 à 6), ou « Les sons et la phrase » (pages 7 à 11) ou les « Variétés » (page 19) :
Exemples : – (Kurt Schmidt) *Où est l'Acropole ? à Londres ?*
        – (Mohamed Ali) *Non, monsieur ; l'Acropole est à Athènes.*

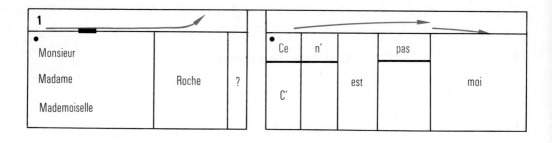

1

Monsieur / Madame / Mademoiselle	Roche	?

Ce / C'	n'		pas	
		est		moi

2

C'est	Marie / Sophie / Françoise / Marco	?

Non / Oui ,	ce / c'	n'		pas	Marie / Sophie / Françoise / Marco
			est		

3

Vous êtes	M. Roche / Mme Roche / Mlle Roche / fatigué	?

Non / Oui ,	je	ne		pas	M. Roche / Mme Roche / Mlle Roche / fatigué
			suis		

4

Votre	voiture / manteau	est	confortable / rapide / confortable	?

Non / Oui	elle / il	n'		pas	confortable / rapide / confortable
			est		

16

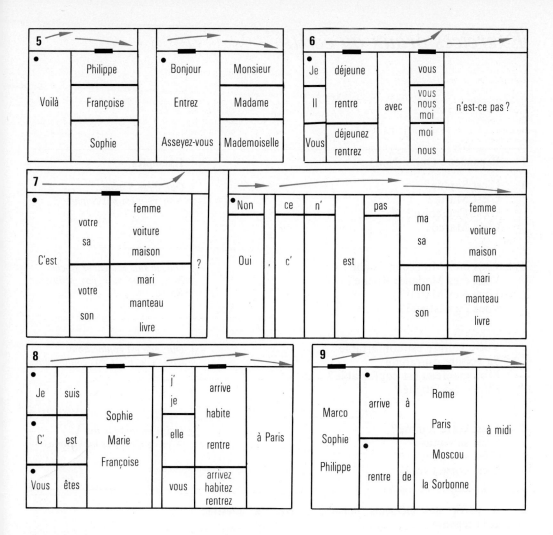

5

• Voilà	Philippe	
	Françoise	
	Sophie	

• Bonjour	Monsieur
Entrez	Madame
Asseyez-vous	Mademoiselle

6

Je	déjeune		vous	
Il	rentre	avec	vous nous moi	n'est-ce pas ?
Vous	déjeunez rentrez		moi nous	

7

• C'est	votre sa	femme voiture maison	?
	votre son	mari manteau livre	

• Non	ce	n'		pas	ma sa	femme voiture maison
Oui	,	c'		est	mon son	mari manteau livre

8

• Je	suis			j' je	arrive habite	
• C'	est	Sophie Marie Françoise	,	elle	rentre	à Paris
• Vous	êtes			vous	arrivez habitez rentrez	

9

• Marco	arrive	à	Rome Paris	
• Sophie				à midi
Philippe	rentre	de	Moscou la Sorbonne	

mon manteau **votre** manteau **son** manteau
ma voiture **votre** voiture **sa** voiture

Je suis Monsieur Roche.
Je **ne** suis **pas** Monsieur Roche.

C'est Marco.
Ce **n'**est **pas** Marco.

être

```
je suis
vous êtes
Marco est
soyez !
```

entrer

```
j'entre
vous entrez
il (elle) entre
entrez !
```

s'asseoir

```
je m'assieds (je m'assois)
vous vous asseyez (vous vous assoyez)
il s'assied (il s'assoit)
asseyez-vous ! (assoyez-vous !)
```

Exercices oraux ou écrits

1 **Répondez : Oui,... Non,...** ②	**Exemples**
a C'est Sophie? C'est Marie? C'est Françoise? C'est Marco?	*Oui, c'est Sophie.* *Non, ce n'est pas Sophie.*
b Vous êtes Monsieur Roche? Vous êtes Madame Roche? Vous êtes Marco? Vous êtes fatigué? ③	*Oui, je suis Monsieur Roche.* *Non, je ne suis pas Monsieur Roche.*
c Votre voiture est confortable? Sa voiture est rapide? Mon manteau est confortable? Marco est fatigué? ④	*Oui, elle est confortable.* *Non, elle n'est pas confortable.*
d C'est votre femme? C'est sa voiture? C'est son mari? C'est votre livre? ⑦	*Oui, c'est ma femme.* *Non, ce n'est pas ma femme.*
2 **A partir des éléments donnés, écrivez la question et la réponse.** ⑥ Sophie déjeune avec nous. Sylvie rentre avec moi. Monsieur Roche habite à Paris. Marco Boni arrive de Rome. Marco s'assied.	*Sophie, vous déjeunez avec nous?* *Oui, je déjeune avec vous.*
3 **Complétez :** ⑧ ..., j'arrive à Paris. ..., vous allez à Rome. ..., elle rentre de la Faculté. ..., elle prend le livre. ..., il lit le livre. ..., elle arrive à midi.	*Je suis Sophie, j'arrive à Paris.*
4 **Dialogue entre deux personnes. Mettez les répliques dans l'ordre convenable :** – Oui, je suis Monsieur Roche. – Vous arrivez de Paris, n'est-ce pas? – Non, je ne suis pas fatigué. – Vous êtes Monsieur Roche? – Oui, j'arrive de Paris. – Vous êtes fatigué?	

Variétés

Bonjour, monsieur !

M. Mc Donald	Good morning, Sir.
M. Beulemans	Vous êtes un étudiant anglais ?
M. Mc Donald	Non, je suis Écossais.
Mlle Schumacher	Guten Morgen, Herr Professor !
M. Beulemans	Vous êtes Allemande ?
Mlle Schumacher	Non, je suis Autrichienne.
M. Murillo	Buenos dias, Señor.
M. Beulemans	Vous êtes Espagnol ?
M. Murillo	Non, je suis Argentin.
Mlle Smirnoff	Et vous, monsieur, vous êtes Français ?
M. Beulemans	Non, je suis Belge.

La politesse

Le professeur	Bonjour, monsieur.
L'étudiant	Bonjour.
Le professeur	En français, on dit : « Bonjour, monsieur ».
L'étudiant	Bien, merci.
Le professeur	En français, on dit : « Merci, monsieur. Merci, madame, merci, mademoiselle. »
L'étudiant	Merci, monsieur.

D'Athènes à Londres

Le professeur	Mlle Fermi, où est l'Acropole ? à Paris ?
Mlle Fermi	Non, monsieur, elle n'est pas à Paris.
Le professeur	Elle est à...?
Mlle Fermi	Elle est à Athènes.
Le professeur	Bien, mademoiselle - Monsieur Smith, où est Trafalgar Square ? A Athènes ?
M. Smith	Non, Monsieur : à Londres.
Le professeur	C'est bien. Merci, monsieur.

Défense de stationner

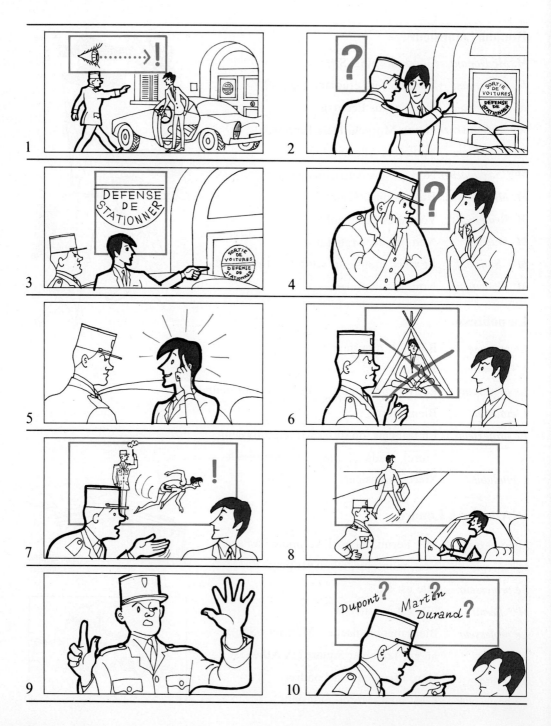

| 1 | *L'agent* | Monsieur, regardez. |
| | aʒɑ̃ | ə a e |

2 Qu'est-ce que c'est?

| 3 | *Marco* | Oh! je lis : « Défense de stationner ». |
| | a o | o ɑ̃ sjɔ-ne |

| 4 | *L'agent* | Vous comprenez? |
| | | ɔ̃ ə |

| 5 | *Marco* | Oui, je comprends. |
| | | ɔ̃ ɑ̃ |

| 6 | *L'agent* | Alors, ne restez pas ici. |
| | ɑ ɔ ɛ ɑ |

| 7 | | Partez. |
| | a |

| 8 | *Marco* | Bon, je pars, Monsieur l'agent. |
| | ɔ̃ a |

| 9 | *L'agent* | Un moment, s'il vous plaît. |
| | ɔ ɑ̃ |

| 10 | | Votre nom? |
| | ɔ ɔ̃ |

Défense de stationner

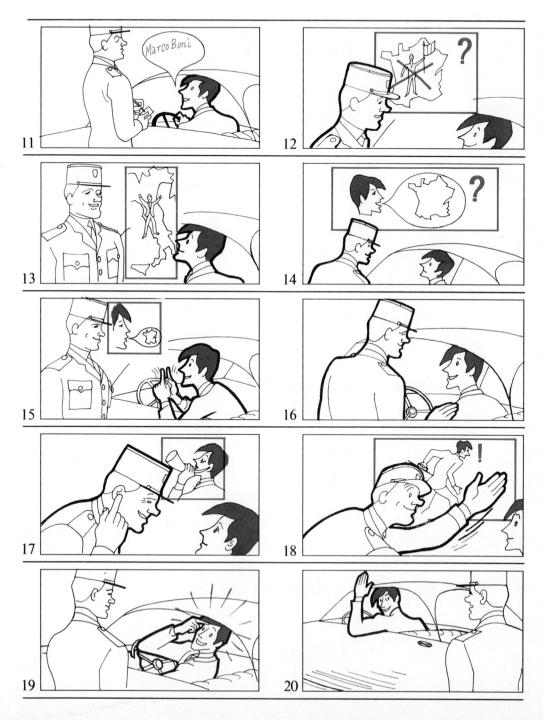

11	*Marco*	Mon nom? Marco Bonı. ɔ̃
12	*L'agent*	Vous n'êtes pas Français? ã ɛ
13	*Marco*	Non, je suis Italien. ɥi a jɛ̃
14	*L'agent*	Mais vous parlez français? ɛ a
15	*Marco*	Oh! je parle un peu français. a ø
16	*L'agent*	Bon : ça va. a a
17		Mais écoutez bien : jɛ̃
18		Il faut partir tout de suite. o a ɥi
19	*Marco*	Je comprends.
20		Au revoir, Monsieur l'agent. o wa

Tableaux structuraux

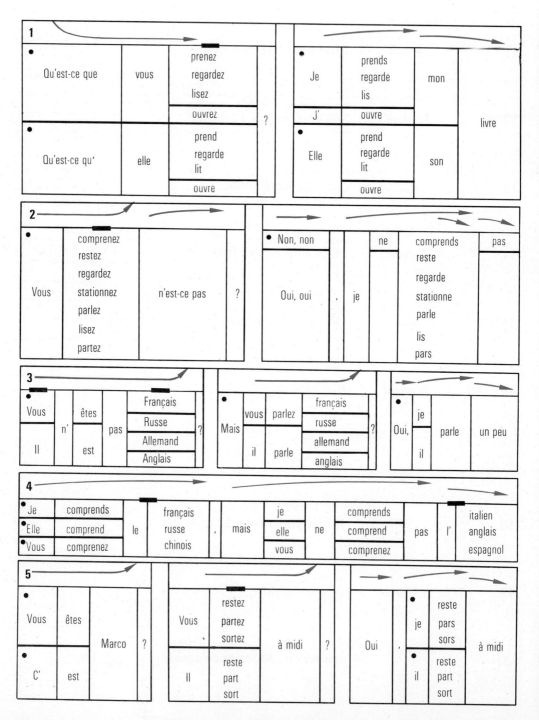

1

| Qu'est-ce que | vous | prenez / regardez / lisez / ouvrez | ? | | Je / J' | prends / regarde / lis / ouvre | mon | livre |
| Qu'est-ce qu' | elle | prend / regarde / lit / ouvre | | | Elle | prend / regarde / lit / ouvre | son | |

2

| Vous | comprenez / restez / regardez / stationnez / parlez / lisez / partez | n'est-ce pas | ? | Non, non / Oui, oui | , | je | ne | comprends / reste / regarde / stationne / parle / lis / pars | pas |

3

| Vous / Il | n' | êtes / est | pas | Français / Russe / Allemand / Anglais | ? | Mais | vous / il | parlez / parle | français / russe / allemand / anglais | ? | Oui, | je / il | parle | un peu |

4

| Je / Elle / Vous | comprends / comprend / comprenez | le | français / russe / chinois | , mais | je / elle / vous | ne | comprends / comprend / comprenez | pas | l' | italien / anglais / espagnol |

5

| Vous | êtes | Marco | ? | Vous / Il | restez / partez / sortez / reste / part / sort | à midi | ? | Oui, | je / il | reste / pars / sors / reste / part / sort | à midi |
| C' | est | | | | | | | | | |

24

6

•	Sortez	toute de suite
	Partez	avec elle
	Fermez	la fenêtre
	Stationnez	ici
	Restez	là
	Lisez	votre livre
	Arrivez	à midi
	Ouvrez	la porte
	Entrez	tout de suite

•				
	Ne	sortez		tout de suite
		partez		avec elle
		fermez		la fenêtre
		stationnez		ici
		restez	pas	là
		lisez		votre livre
	N'	arrivez		à midi
		ouvrez		la porte
		entrez		tout de suite

7

•			
			sortir tout de suite
			partir avec elle
			fermer la fenêtre
			stationner ici
Il	faut		rester là
			lire votre livre
			arriver à midi
			ouvrir la porte
	• ne	pas	entrer tout de suite

•			
			sortir tout de suite
			partir avec elle
		de	fermer la fenêtre
			stationner ici
	Défense		rester là
			lire votre livre
			arriver à midi
		d'	ouvrir la porte
			entrer tout de suite

Qu'est-ce que vous lisez ?

Qu'est-ce que c'est ?

Restez ici !

Ne restez **pas** ici !

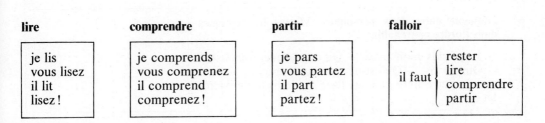

lire

je lis
vous lisez
il lit
lisez !

comprendre

je comprends
vous comprenez
il comprend
comprenez !

partir

je pars
vous partez
il part
partez !

falloir

il faut {	rester
	lire
	comprendre
	partir

Exercices oraux ou écrits

5	**A partir de l'exemple, construisez des phrases semblables avec les éléments donnés :**	**Exemples**
a	Je prends. Je lis. Elle prend. Je regarde. Vous ouvrez. Elle lit.	*Qu'est-ce que je prends?* *Vous prenez votre livre.*
b	Oui, oui, je comprends. Oui, oui, je reste ici. Non, non, je ne regarde pas. Oui, oui, je stationne ici. Non, non, je ne pars pas.	*Vous comprenez, n'est-ce pas?* *Oui, oui, je comprends.*
c	Mais vous parlez français? Mais il parle allemand? Mais vous parlez anglais?	*Vous n'êtes pas Français?* *Mais vous parlez français?* *Oui, je parle un peu français.*
d	Le français / l'italien (je) Le russe / l'anglais (elle) L'espagnol / le chinois (vous)	*Je comprends le français, mais je ne comprends pas l'italien.*
e	Partir avec elle. Stationner ici. Fermer la porte.	*Partez avec elle.* *Ne partez pas avec elle.*
f	Sortir tout de suite. Rester là. Fermer la porte.	*Il faut sortir tout de suite.* *Il ne faut pas sortir tout de suite.* *Défense de sortir tout de suite.*
g	Elle reste à midi? Elle part à midi? Vous sortez à midi? Vous partez à midi? Il sort à midi?	*C'est Sophie?* *Elle reste à midi?* *Oui, elle reste à midi.*
h	Partir, lire, comprendre, sortir, écouter, regarder, stationner.	*Il part; vous partez?* *Non, je ne pars pas.*
6	**Dialogue entre deux personnes. Mettez les répliques dans l'ordre convenable :** — Je prends mon livre. — Qu'est-ce que vous lisez? — Oui, je lis. — Qu'est-ce que vous prenez? — Vous prenez votre livre et vous lisez? — Je lis la deuxième leçon.	

Variétés

Classe ou ONU?

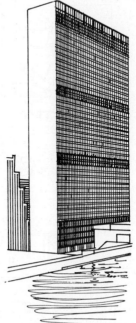

Le professeur   Monsieur, votre nom, s'il vous plaît.

Aristide   Je m'appelle Aristide Theophilakis.

Le professeur   C'est un nom grec?

Aristide   Oui, monsieur.

Le professeur   Et vous, mademoiselle?

Aniouchka   Aniouchka Krupkova.

Le professeur   C'est un nom russe?

Aniouchka   Oui, monsieur.

Le professeur   Et vous, madame. Comment vous appelez-vous?

Marina   Je m'appelle Marina Leopardi.

Le professeur   Ça, c'est un nom italien. Mais dites-moi :
un Grec, une Russe, une Italienne !
Ce n'est pas une classe de français, ici.
C'est l'O.N.U...

Il faut partir

L'agent   Monsieur, il ne faut pas rester ici.

L'automobiliste   Ah?

L'agent   Vous êtes devant une porte cochère, lisez : *Défense de
stationner*.

Au café

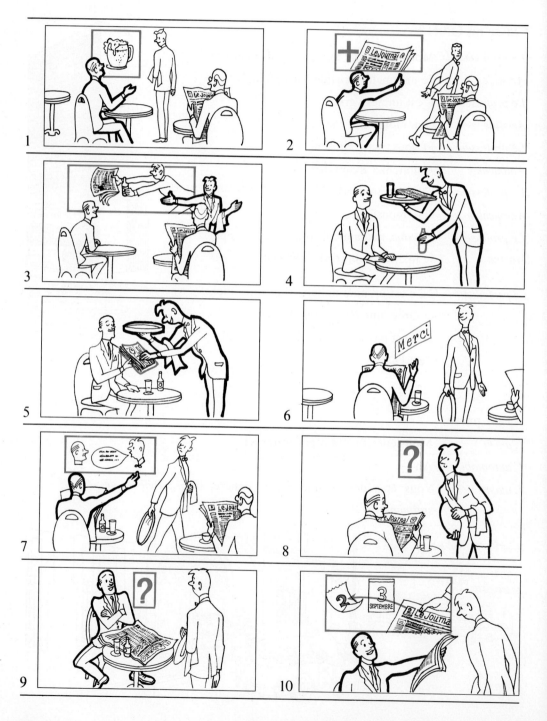

3

1   *M. Roche*   Garçon, une bière, s'il vous plaît.

2   Donnez-moi aussi un journal.

3   *Le garçon*   Bien, Monsieur, je vous donne ça...

4   ... voilà la bière,

5   et voilà le journal.

6   *M. Roche*   Merci...

7   Dites-moi, garçon?

8   *Le garçon*   Monsieur?

9   *M. Roche*   Qu'est-ce que vous faites?

10   Vous me donnez le journal d'hier.

Au café

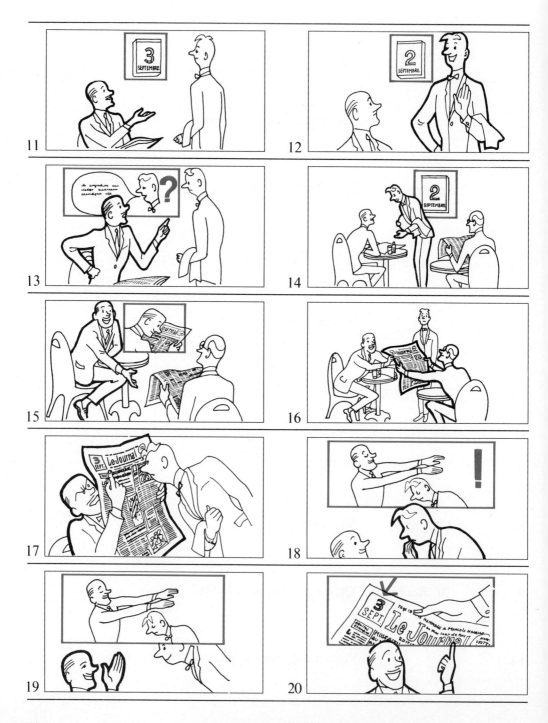

Les jours
de la
semaine

dimanche
lundi
mardi
mercredi
jeudi
vendredi
samedi
dimanche

11   Aujourd'hui, c'est le 3.
                        oʒ   ɥi

12   *Le garçon*   Mais non, le 2.
                        ɛ

13   *M. Roche*   Qu'est-ce que vous dites ?

14   *Le garçon*   Je dis : aujourd'hui c'est le 2 septembre.
                                   ɛp   ɑ̃

15   *M. Roche (à un monsieur)*   Monsieur, je peux regarder votre journal ?

16   *Le monsieur*   Mais oui, monsieur, vous pouvez.

17   *M. Roche*   Eh bien, garçon, lisez : mardi 3 septembre.
                        e   jɛ̃   z   a

18   *Le garçon*   Oh ! excusez-moi, Monsieur.
                        o   ɛks   z

19   *M. Roche*   Je vous excuse.
                        ɛks   z

20   Mais il faut me donner le journal d'aujourd'hui.
                        o

Tableaux structuraux

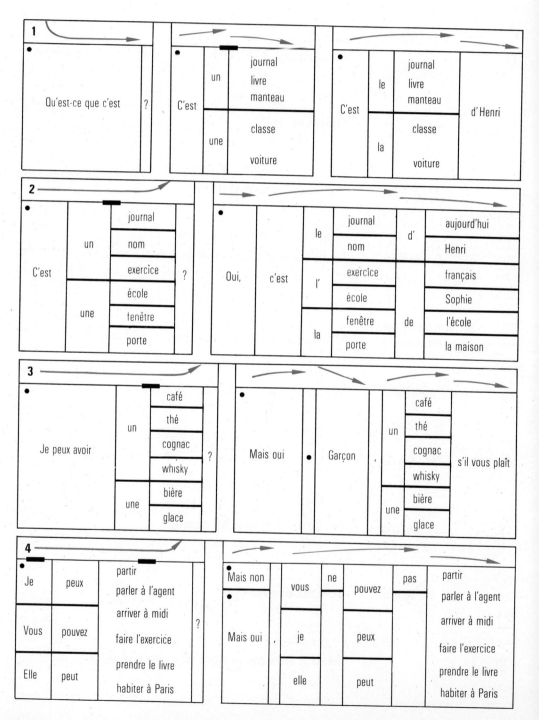

1

Qu'est-ce que c'est ?

C'est	un	journal / livre / manteau
	une	classe / voiture

C'est	le	journal / livre / manteau	d'Henri
	la	classe / voiture	

2

C'est	un	journal / nom / exercice	?
	une	école / fenêtre / porte	

Oui,	c'est	le	journal / nom	d'	aujourd'hui / Henri
		l'	exercice / école		français / Sophie
		la	fenêtre / porte	de	l'école / la maison

3

Je peux avoir	un	café / thé / cognac / whisky	?
	une	bière / glace	

Mais oui • Garçon,	un	café / thé / cognac / whisky	s'il vous plaît
	une	bière / glace	

4

Je	peux	partir / parler à l'agent	?
Vous	pouvez	arriver à midi / faire l'exercice	
Elle	peut	prendre le livre / habiter à Paris	

Mais non	vous	ne	pouvez	pas	partir / parler à l'agent
Mais oui,	je		peux		arriver à midi / faire l'exercice
	elle		peut		prendre le livre / habiter à Paris

Qu'est-ce que	je	fais	je	stationne / lis / déjeune	
	vous	faites	, vous	déjeunez / partez / restez	?
Qu'est-ce qu'	il	fait	il	reste / entre / monte	

Non		ne		pas	stationner / lire / déjeuner
	vous	pouvez			
Oui ,	je	peux			déjeuner / partir / rester
	il	peut			rester / entrer / monter

Donnez Montrez Dites Lisez Faites	-moi / ça / nous	Il faut	me / nous	donner montrer dire lire faire	ça

Oui ,	Monsieur Madame Mademoiselle	, je vous	donne montre dis lis fais	ça

Voilà **un** journal ⟶ C'est **le** journal de monsieur Roche.
Voilà **une** voiture ⟶ C'est **la** voiture de monsieur Roche.

Donnez-**moi** le journal !
— Je **vous** donne le journal.
— Vous **me** donnez le journal.

Comprenez-**moi**.
— Je **vous** comprends.
— Vous **me** comprenez.

dire

je dis
vous dites
il dit
dites !

faire

je fais
vous faites
il fait
faites !

pouvoir

je peux (entrer)
vous pouvez (lire)
il peut (partir)

33

Exercices oraux ou écrits

7 A partir de l'exemple, construisez des phrases semblables avec les éléments donnés :	Exemples
a Un manteau / Françoise Une voiture / Marco Un livre / Marie Une classe / Sophie	*Qu'est-ce que c'est?* *C'est un manteau.* *C'est le manteau de Françoise.*
b Un journal / aujourd'hui Un exercice / allemand Une école / Philippe Une porte / maison	*C'est un journal?* *Oui, c'est le journal* *d'aujourd'hui.*
c Partir (je) Parler (je) Ouvrir (elle)	*Je peux partir?* *Mais oui, vous pouvez partir.* *Mais non, vous ne pouvez pas* *partir.*
d Je déjeune. Il reste là. Il stationne ici. Vous partez.	*Qu'est-ce que je fais, je déjeune?* *Oui, vous pouvez déjeuner.* *Non, vous ne pouvez pas déjeuner.*
e Donner / monsieur Lire / madame Faire / monsieur Dire / mademoiselle	*Donnez-moi ça.* *Il faut me donner ça.* *Oui, monsieur, je vous donne ça* *tout de suite.*
f Pouvoir sortir. Dire son nom. Faire son exercice.	*Philippe peut sortir.* *Vous pouvez sortir?* *Non, je ne peux pas sortir.*

8 Complétez (attention! revoir le tableau 8 de la leçon 1 et le tableau 5 de la leçon 2) :

Je suis Marco, j'arrive à Paris. ... Marie, ... lit le livre. ... Marco, ... lis le journal. ... Sophie, ... rentrez à midi. ... Aristide, ... part tout de suite. ... Françoise, ... peut partir.

9 Complétez avec : mon, ma, votre, son, sa.

Voilà Monsieur Roche et voilà ... femme. Marco, donnez ... manteau. Voilà Madame Roche et voilà ... mari. Marco arrive de Rome, ... voiture est rapide. Je prends ... livre. Il dit ... nom. Monsieur Roche, Françoise est ... femme?

Variétés

Ne fumez plus

Le patron	Qui est-ce qui fume ici?
	C'est vous, monsieur Ponto?
M. Ponto	Non, Monsieur, ce n'est pas moi.
Le patron	C'est vous, monsieur Kern?
M. Kern	Oui, monsieur, c'est moi. Je fume la pipe.
Le patron	Alors ne fumez plus.
	Mademoiselle Flora n'aime pas ça.

Un café

Le client	Garçon, donnez-moi un café, s'il vous plaît.
Le garçon	Bien, monsieur.
Le client	Donnez-moi aussi un peu de lait.
Le garçon	Bien, monsieur.
Le client	Donnez-moi aussi un croissant.
Le garçon	Bien, monsieur.
Le client	Donnez-moi aussi un verre d'eau.
Le garçon	Bien, monsieur.
Le client	Donnez-moi aussi un journal.
Le garçon	Bien, monsieur.
	Qu'est-ce que vous voulez encore?
Le client	C'est tout.

Un journal italien

La marchande	Qu'est-ce que vous cherchez? un livre?
	un journal?
Le client	Un journal.
La marchande	Tenez, Voilà *France-Soir*.
Le client	Non, donnez-moi un journal italien.
La marchande	Le *Corriere della Sera*, ça va?
Le client	Très bien; merci, madame.

A la Tour Eiffel

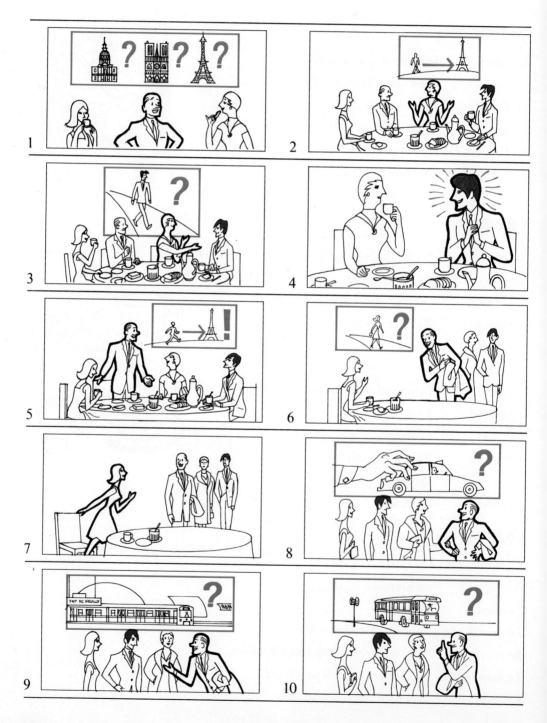

| 1 | *M. Roche* | Qu'est-ce qu'on fait aujourd'hui? |
| | | $\tilde{\mathrm{o}}$ ε |

| 2 | *Mme Roche* | On peut aller à la Tour Eiffel. |
| | | ø   a   e ε ε |

| 3 | | Est-ce que vous venez aussi, Marco? |
| | | o |

| 4 | *Marco* | Mais oui, Madame. |
| | | a   a |

| 5 | *M. Roche* | Alors, on va à la Tour. |
| | | a   ɔ   a |

| 6 | | Tu viens aussi, Sophie? |
| | | j$\tilde{\varepsilon}$ ɔ |

| 7 | *Sophie* | Bien sûr, je viens. |

| 8 | *M. Roche* | Qu'est-ce qu'on prend? un taxi? |
| | | $\tilde{\mathrm{a}}$ aksi |

| 9 | | ... le métro? |
| | | o |

| 10 | | ... l'autobus? |
| | | ɔ   s |

A la Tour Eiffel

| 11 | *Mme Roche* | Voilà un taxi. |

| 12 | *M. Roche* | Chauffeur !
o œ |

| 13 | | A la Tour Eiffel, s'il vous plaît. |

| 14 | *Le chauffeur* | Bien, Monsieur, montez.
ɔ̃ |

| 15 | *M. Roche* | Passez par les Champs-Élysées.
ɑ   a e ɑ̃   z |

| 16 | | *A la Tour Eiffel* |

| 17 | *Marco* | On peut visiter la Tour ?
z |

| 18 | *M. Roche* | Mais oui : on peut. |

| 19 | *Mme Roche* | Il y a un ascenseur ;
a a ɑ̃ œ |

| 20 | | il monte tout en haut.
ɔ̃   ɑ̃ o |

Tableaux structuraux

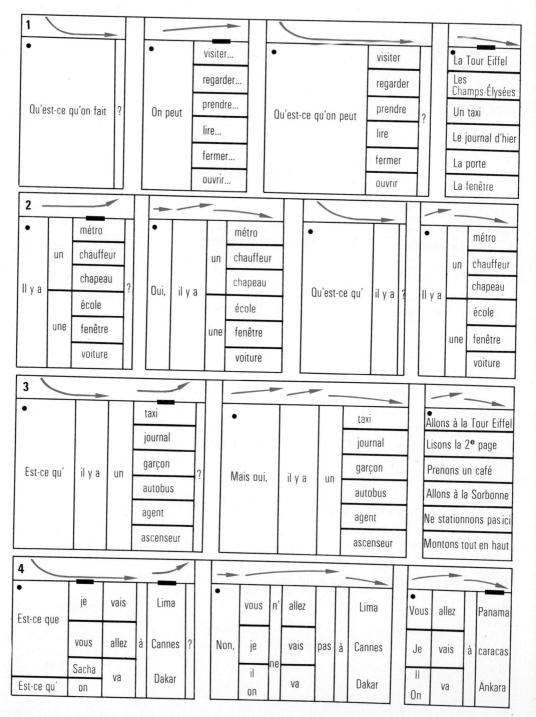

1

Qu'est-ce qu'on fait	?

On peut	visiter...
	regarder...
	prendre...
	lire...
	fermer...
	ouvrir...

Qu'est-ce qu'on peut	visiter	?
	regarder	
	prendre	
	lire	
	fermer	
	ouvrir	

| La Tour Eiffel |
| Les Champs-Élysées |
| Un taxi |
| Le journal d'hier |
| La porte |
| La fenêtre |

2

Il y a	un	métro	?
		chauffeur	
		chapeau	
	une	école	
		fenêtre	
		voiture	

Oui, il y a	un	métro
		chauffeur
		chapeau
	une	école
		fenêtre
		voiture

Qu'est-ce qu'	il y a	?

Il y a	un	métro
		chauffeur
		chapeau
	une	école
		fenêtre
		voiture

3

Est-ce qu'	il y a	un	taxi	?
			journal	
			garçon	
			autobus	
			agent	
			ascenseur	

Mais oui,	il y a	un	taxi
			journal
			garçon
			autobus
			agent
			ascenseur

| Allons à la Tour Eiffel |
| Lisons la 2e page |
| Prenons un café |
| Allons à la Sorbonne |
| Ne stationnons pas ici |
| Montons tout en haut |

4

Est-ce que	je	vais		Lima	?
	vous	allez	à	Cannes	
Est-ce qu'	Sacha	va		Dakar	
	on				

Non,	vous	n'	allez			Lima
	je	ne	vais	pas	à	Cannes
	il		va			Dakar
	on					

Vous	allez		Panama
Je	vais	à	caracas
Il	va		Ankara
On			

40

5

Je	viens		Marseille
Sophie Sacha On	vient	de	Paris
Vous	venez		Lyon

Je	vais		Paris
Elle Il On	va	à	Lyon
Vous	allez		Bordeaux

J'	arrive		Paris	
Elle Il On		à	Lyon	à midi
Vous	arrivez		Bordeaux	

6

Est-ce que	je	prends	le métro
	vous	prenez	?
Est-ce qu'	elle il on	prend	l'autobus

	vous	prenez		le métro
Non,	je	ne	prends pas	
	elle il on		prend	l'autobus

	Vous	prenez
Je	prends	un taxi
Elle Il On	prend	

On va à la Tour. → *En français parlé, souvent* **on** = **vous et moi.**

Est-ce que vous venez?

Il y a un ascenseur.

aller

je vais
vous allez
il va
allez !

venir

je viens
vous venez
il vient
venez !

prendre

je prends
vous prenez
il prend
prenez !

Exercices oraux ou écrits

10 A partir de l'exemple, construisez des phrases semblables avec les éléments donnés :	Exemples
a Visiter la Tour Eiffel. Regarder les Champs-Élysées. Prendre le métro. Lire le journal d'aujourd'hui.	*Qu'est-ce qu'on fait?* *On peut visiter...* *Qu'est-ce qu'on peut visiter?* *La Tour Eiffel.*
b Un taxi Un journal Un métro Une école	*Il y a un taxi?* *Oui, il y a un taxi.* *Qu'est-ce qu'il y a?* *Il y a un taxi!*
c Un autobus Un ascenseur Un agent Un garçon	*Est-ce qu'il y a un autobus?* *Mais oui, il y a un autobus.*
d Lima / Caracas (vous) Dakar / Ankara (on) Paris / Cannes (je) Panama / Casablanca (il)	*Est-ce que vous allez à Lima?* *Non, je ne vais pas à Lima.* *Je vais à Caracas.*
e Marseille / Paris (je) Paris / Lyon (Sacha) Bordeaux / Lyon (je) Marseille / Nice (vous)	*Je viens de Marseille.* *Je vais à Paris.* *J'arrive à Paris à midi.*
f Le métro / un taxi (je) L'autobus / le métro (je) L'autobus / un taxi (vous) Un taxi / le métro (on)	*Est-ce que je prends le métro?* *Non, vous ne prenez pas le métro.* *Vous prenez un taxi.*
g Être fatigué. Aller au café. Venir à midi. Prendre le métro.	*Monsieur Roche est fatigué.* *Vous êtes fatigué?* *Non, je ne suis pas fatigué.*

11 Dialogue entre deux personnes. Mettez les répliques dans l'ordre convenable :

– Oui, monsieur, on peut; prenez l'ascenseur. – Oui, Marco, je viens. – Bien sûr, il monte tout en haut. – Est-ce qu'on peut visiter la Tour Eiffel? – Ah! il y a un ascenseur? – Sophie, l'ascenseur monte tout en haut : tu viens?

Variétés

Pour aller à ...

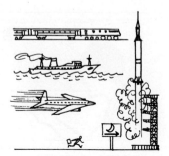

Le père	Qu'est-ce qu'on prend pour aller à Rouen?
Le fils	On prend le train.
Le père	Et pour aller à Douvres?
Le fils	On prend le bateau.
Le père	Et pour aller à New York?
Le fils	On prend l'avion.
Le père	Et pour aller sur la lune?
Le fils	On prend une fusée.

C'est facile

Un étudiant	Pardon, monsieur l'agent, s'il vous plaît, pour aller à l'Opéra?
L'agent	Vous allez à pied?
Un étudiant	Oui.
L'agent	Alors prenez la première rue à droite, puis la troisième à gauche. Vous arrivez à un jardin ; vous traversez le jardin, vous prenez la rue en face ; puis la troisième à droite, puis la quatrième à gauche... et là, vous demandez à un autre agent...
Un étudiant	Ah ! bon... Merci beaucoup, monsieur l'agent.

Le briquet

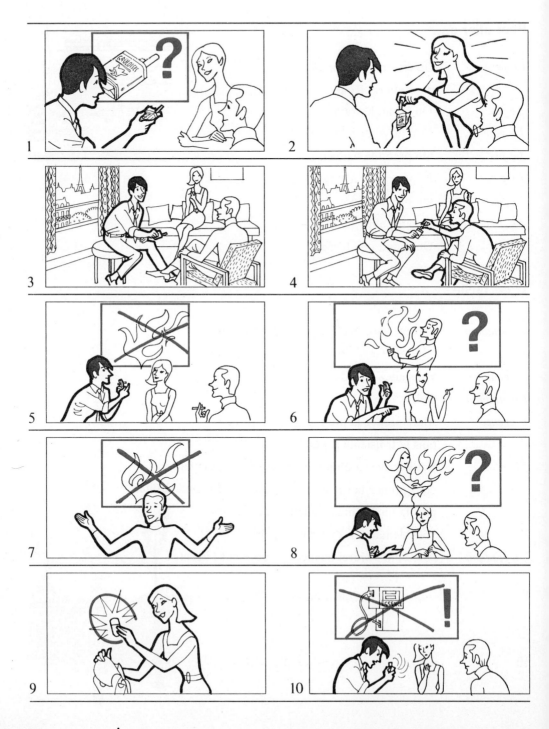

1   *Marco*   Une cigarette, Sophie?
             o   a   ε

2   *Sophie*   Oui, merci, Marco.
             ɔ   ε

3   *Marco*   Et vous, Karl?
             e

4   *Karl*   Oui, moi aussi, je veux bien.
                 o   ø

5   *Marco*   Mais je n'ai pas de feu.
             ε   e   ɑ   ø

6   Vous avez du feu, Karl?
             a

7   *Karl*   Non, je n'en ai pas non plus.
               ãne

8   *Marco*   Mais Sophie en a peut-être?
                         œ t ε

9   *Sophie*   Oui, j'en ai. Voilà mon briquet.
              ãne   ε

10   *Marco*   Mais il n'y a pas d'essence dedans!
             a   ɑ   e   ã   ə   ã

Le briquet

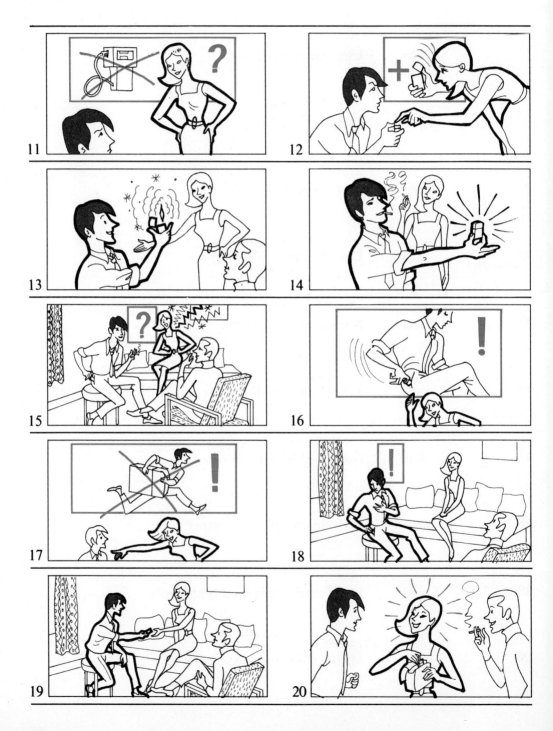

11	*Sophie*	Pas d'essence ?

11   *Sophie*   Pas d'essence ?

12   Essayez encore.
e-se-je ã ɔ

13   *Marco*   Ah ! oui, maintenant ça va.
ɑ   ɛ̃   ã   a a

14   Il est joli votre briquet...
ɔ   ɔ

15   *Sophie*   Qu'est-ce que vous faites ?

16   Marco, vous mettez mon briquet dans votre poche !
e   ã   ɔ

17   N'emportez pas mon briquet.
ã   ɔ

18   *Marco*   Oh ! Excusez-moi.
o   ɛks z

19   Tenez, Sophie, voilà votre briquet.
ə

20   *Sophie*   Merci, Marco.

Tableaux structuraux

1

		briquet	
Vous avez	un	manteau	
		livre	?
		cigarette	
Karl a	une	voiture	
		poche	

				briquet
Non	,	je	ai	manteau
		n'	pas de	livre
				cigarette
		il	a	voiture
				poche

Non	,	je	n'	en	ai	pas
		il			a	

2

			café
	du		pain
Est-ce qu'	il y a	de la	bière
			glace	?
	de l'	essence	
			eau

				café
			pas de	pain
Non,	il	n' y a		bière
				glace
		pas d'		essence
				eau

Non,	il	n'	y	en	a	pas

3

Je	veux		cognac
On	ne	veut	pas de	café
Vous	voulez		cigarette

Moi		
Nous	non plus	

Je	veux		whisky
On	veut	un	porto
Vous	voulez		cigare

Moi	
Nous	aussi

4

		voulez		
		prenez		
Est-ce que	vous	avez		
		faites	du	café	?
Voulez				
Prenez	- vous			
Avez				
Faites				

			veux	
			prends	
			ai	
			fais	
Oui	,	j'	en	
			veux	
			prends	
			ai	
Non	je	n'	fais	pas

48

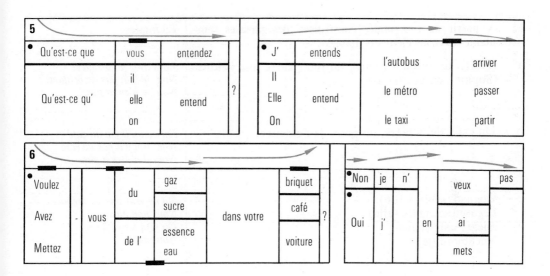

une auto, l'auto, **mon** auto - une (bonne) essence, l'essence, **mon** essence.

J'ai **du** feu. — Je **n**'ai **pas de** feu. — Sophie **en** a.

Il y a **de** l'essence. — Il **n**'y a **pas d**'essence. — Il y **en** a.

avoir

j'ai
vous avez
il a
ayez!

entendre

j'entends
vous entendez
il entend
entendez!

vouloir

je veux
vous voulez
il veut
veuillez!

mettre

je mets
vous mettez
il met
mettez!

Exercices oraux ou écrits

	Exemples
12 **A partir de l'exemple, construisez des phrases semblables avec les éléments donnés :** ①	**Exemples**
a Avoir : un briquet (vous), du feu (Karl), une voiture (Sophie), du gaz (vous).	*Vous avez un briquet?* *Non, je n'ai pas de briquet.* *Non, je n'en ai pas.*
b Du café, de la bière, du pain, de l'essence. ②	*Est-ce qu'il y a du café?* *Non, il n'y a pas de café.* *Non, il n'y en a pas.*
c Cognac / whisky (on) Cigarette / cigare (elle) Bière / café (vous) Vin / bière (je) ③	*On ne veut pas de cognac.* *Nous non plus.* *On veut un whisky.* *Nous aussi.*
d Entendre : l'autobus arriver (je), le métro passer (elle), le taxi partir (vous), le métro arriver (on). ⑤	*Qu'est-ce que j'entends?* *Vous entendez l'autobus arriver.*
e Avoir du gaz dans son briquet. Vouloir du sucre dans son café. Mettre de l'essence dans sa voiture. Mettre du sucre dans son thé. ⑥	*Avez-vous du gaz dans votre briquet?* *Oui, j'en ai.* *Non, je n'en ai pas.*
f Avoir du feu. Vouloir de la bière. Mettre du sucre. Prendre de l'essence.	*Il a du feu; vous en avez aussi?* *Non, je n'en ai pas.*
13 **Faites trois questions avec les éléments donnés :** ④ Vouloir du café (vous) Prendre du thé (elle) Avoir du pain (il) Faire du café (vous)	*Vous voulez du café?* *Est-ce que vous voulez du café?* *Voulez-vous du café?*
14 **Répondez aux questions suivantes sur le texte de la leçon :** Est-ce que Sophie prend une cigarette? Et Karl? Est-ce que Marco a du feu? Et Karl, il en a? Et Sophie, elle en a? Qu'est-ce qu'il y a dans le briquet? Est-ce que Marco veut emporter le briquet?	

Variétés

Panne d'essence

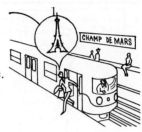

M. Durand	Taxi, à la Tour Eiffel, s'il vous plaît.
Le chauffeur	Excusez-moi, monsieur; mon auto est en panne.
M. Durand	En panne?
Le chauffeur	Oui, je n'ai plus d'essence.
M. Durand	Ah! c'est ennuyeux!
Le chauffeur	Prenez donc le métro et descendez à la station « Trocadéro ».

Auto-stop

L'auto-stoppeur	Avez-vous de la place dans votre voiture?
M. Gillet	Oui, j'en ai. Mais où allez-vous?
L'auto-stoppeur	A Poitiers.
M. Gillet	Moi aussi.
L'auto-stoppeur	Est-ce que je peux monter?
M. Gillet	Oui, mais je mets votre gros sac dans le coffre, n'est-ce pas? Voulez-vous une cigarette?
L'auto-stoppeur	Bien sûr. Merci, monsieur.
M. Gillet	Mais avez-vous du feu?
L'auto-stoppeur	Oui, j'en ai. Tenez : voilà une allumette.

Le vin et la douche

M. Cazot	Quand il fait chaud, qu'est-ce que vous faites?
M. Durand	Moi, je prends du vin.
M. Cazot	Ah! oui?
M. Durand	Et vous?
M. Cazot	Moi, je prends une douche.

Isabelle cherche son sac

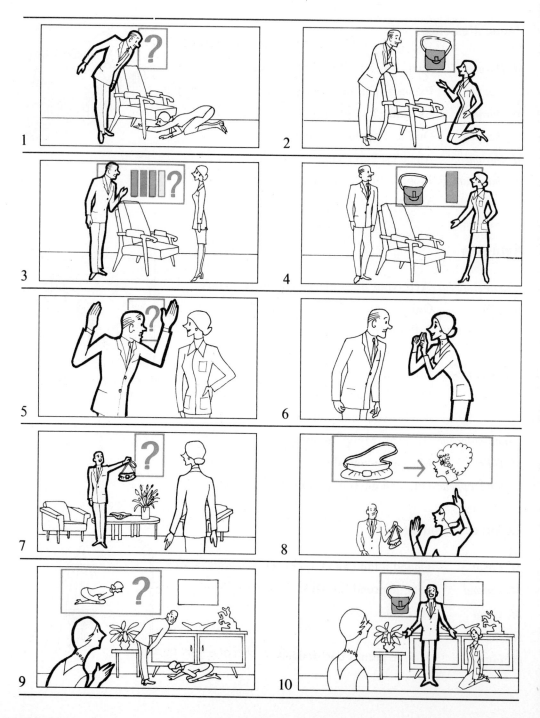

1	*M. Roche*	Qu'est-ce que vous cherchez, Isabelle ?
2	*Isabelle*	Je cherche mon sac, Monsieur Roche.
3	*M. Roche*	De quelle couleur est-il ?
4	*Isabelle*	C'est un sac bleu.
5	*M. Roche*	Il est grand ?
6	*Isabelle*	Non, il n'est pas grand ; il est petit, au contraire.
7	*M. Roche*	C'est ce sac-là ?
8	*Isabelle*	Non ! celui-là, c'est celui de Catherine.
9	*Mme Roche*	Isabelle cherche quelque chose ?
10	*M. Roche*	Bien sûr ! Elle cherche son sac.

Isabelle cherche son sac

6

Les couleurs

| 11 | *Mme Roche* | C'est celui-là ? |

bleu

| 12 | *M. Roche* | Non, celui-là est rouge. |

rouge

| 13 | | Celui d'Isabelle est bleu. |

jaune

| 14 | *Mme Roche* | Il est rond ? |
ɔ̃

vert

| 15 | *Isabelle* | Non, il est carré. |
a

brun

| 16 | *M. Roche* | Mais le sac, je le vois ! |
wa

noir

| 17 | *Isabelle* | Vous le voyez ? Où ça ? |
vwa-je

gris

| 18 | *M. Roche* | Là, sous celui de Françoise. |
ã z

| 19 | *Isabelle* | Oui ! c'est celui-là. |

blanc

| 20 | | Merci, Monsieur Roche. |
ɛ

Tableaux structuraux

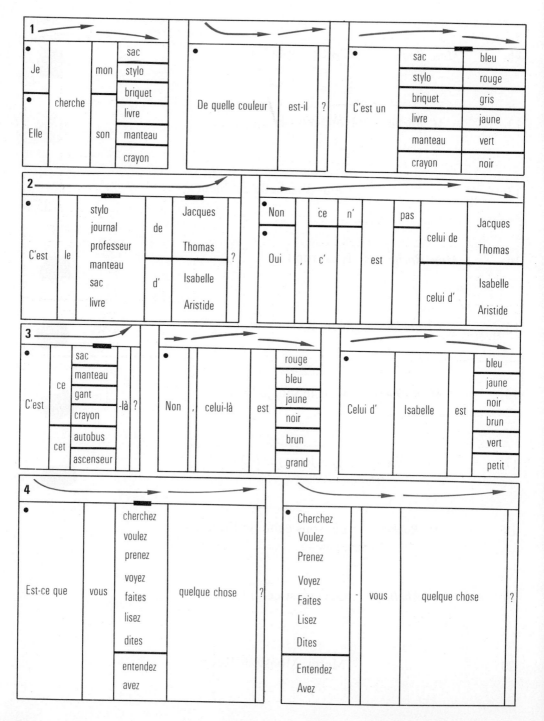

5

Vous voyez	le	professeur sac journal		Oui	,	je		le	vois	
Vous mettez	votre	chapeau manteau gant	?				le		mets	
Vous emportez	le	briquet livre stylo		Non		ne		l'	emporte	pas

6

Comment			briquet		Il est	petit carré rond
De quelle couleur	est	votre	sac	?		rouge blanc noir
Où			chapeau		sous mon	manteau chapeau sac

Ce sac-**là** – **celui-là** – **celui de** Catherine.
(**Cet** élève-là)

Le sac, je **le** vois. – **La** robe, je **la** vois.

voir

> je vois
> vous voyez
> il voit
> voyez !

Exercices oraux ou écrits

		Exemples
15	**A partir de l'exemple, construisez des phrases semblables avec les éléments donnés :**	
a	Son sac bleu Mon manteau rouge Son briquet noir Mon cahier jaune	*Qu'est-ce qu'elle cherche?* *Elle cherche son sac.* *De quelle couleur est-il?* *C'est un sac bleu.*
b	Le stylo / Isabelle Le livre / Sophie Le numéro de téléphone / Marc Le professeur / Catherine	*C'est le stylo d'Isabelle?* *Oui, c'est celui d'Isabelle.* *Non, ce n'est pas celui* *d'Isabelle.*
c	Le sac vert de Suzanne Le gant noir de Sylvie Le briquet jaune de Sophie Le chapeau bleu de Françoise	*C'est ce sac-là?* *Non, celui-là est rouge.* *Celui de Suzanne est vert.*
d	Voir le taxi (vous) Voir le briquet (elle) Emportez le journal (il) Mettre son manteau (vous)	*Vous voyez le taxi?* *Oui, je le vois.* *Eh bien, moi, je ne le vois pas.*
e	Vous cherchez un gant Il veut une bière Vous prenez un cognac Elle lit le journal Vous entendez une voiture	*Vous cherchez quelque chose?* *Est-ce que vous cherchez* *quelque chose?* *Cherchez-vous quelque chose?* *Oui, je cherche un gant.*
f	Lire le livre Prendre le métro Ouvrir la fenêtre Fermer la porte	*Il lit le livre; vous le lisez* *aussi?* *Non, je ne le lis pas.*
16	**Voici des réponses. Pour chacune, formulez la question correspondante : Comment ...? Où ...? De quelle couleur ...? Mettez le nom dans la question.**	
	Le livre est grand Le briquet est rouge Le chapeau est rond Le stylo est dans ma poche Le gant est sous mon chapeau	*Comment est le livre?* *Il est grand.*
17	**Composez un dialogue de quatre répliques à partir des éléments : briquet / poche.**	

Variétés

Le feu rouge

Mme Nallet	Henri, arrête ! Le feu est rouge.
M. Nallet	Oh ! c'est vrai !
L'agent	Bonjour, monsieur. Qu'est-ce que vous faites?
	On ne passe pas : le feu est rouge.
	Vous entendez?
M. Nallet	Oui, Monsieur l'agent, j'entends et je comprends.
L'agent	Et votre voiture est sur la ligne jaune.
	Avancez ou reculez!
M. Nallet	Bien, Monsieur l'agent : je recule.
L'agent	Et maintenant, attendez le feu vert,
	s'il vous plaît.

Le chapeau de M. Zorro

Le professeur	Il est à vous, ce manteau-là, Mademoiselle Martin?
Mlle Martin	Oui, il est à moi, Monsieur.
Le professeur	De quelle couleur est-il?
Mlle Martin	Il est rouge.
Le professeur	Et celui de Mademoiselle Icare?
Mlle Martin	Il est bleu.
Le professeur	Et celui-là, le manteau de Madame Petit?
Mlle Martin	Il est jaune.
Le professeur	Et mon chapeau?
Mlle Martin	Il est noir.
Le professeur	Et celui de Monsieur Zorro?
Mlle Martin	Je ne peux pas vous répondre :
	il ne met pas de chapeau.

Le vêtement et la couleur

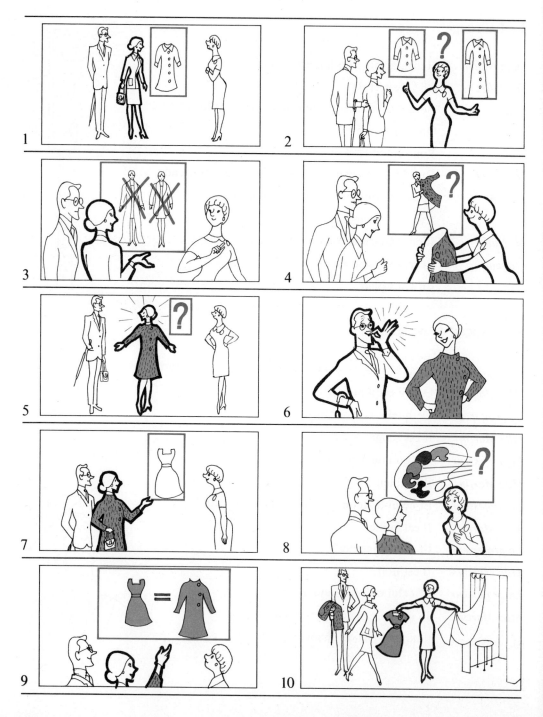

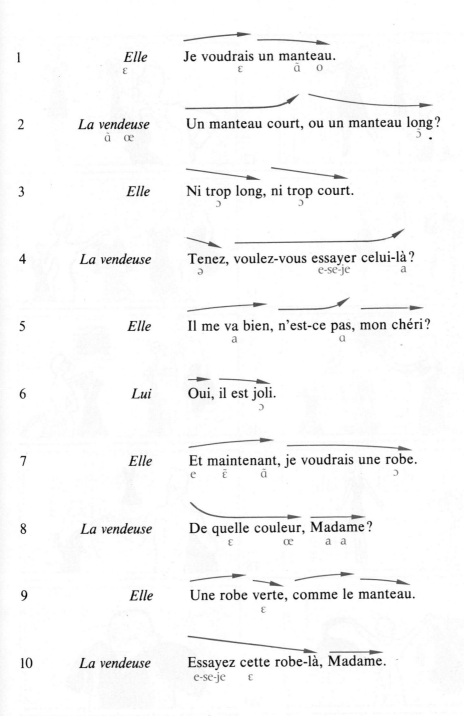

1	*Elle*	Je voudrais un manteau.
	ɛ	ɛ ɑ̃ o
2	*La vendeuse*	Un manteau court, ou un manteau long?
	ɑ̃ œ	ɔ̃
3	*Elle*	Ni trop long, ni trop court.
		ɔ ɔ
4	*La vendeuse*	Tenez, voulez-vous essayer celui-là?
		ə e-se-je a
5	*Elle*	Il me va bien, n'est-ce pas, mon chéri?
		a ɑ
6	*Lui*	Oui, il est joli.
		ɔ
7	*Elle*	Et maintenant, je voudrais une robe.
		e ɛ̃ ɑ̃ ɔ
8	*La vendeuse*	De quelle couleur, Madame?
		ɛ œ a a
9	*Elle*	Une robe verte, comme le manteau.
		ɛ
10	*La vendeuse*	Essayez cette robe-là, Madame.
		e-se-je ɛ

Le vêtement et la couleur

11	*Elle*	Oh ! elle est trop longue !

o ɔ ɔ̃

12	*Lui*	Tu la trouves trop longue !

13		Je la trouve trop courte, moi.

14	*La vendeuse*	Et celle-là, Madame ? Elle est jolie ?

ɛ

15	*Elle*	Oui, mais je n'en veux pas, elle est bleue.

ø ø

16	*La vendeuse*	En voilà une autre, verte aussi : essayez-la.

o o

17	*Elle*	Tu l'aimes, bien, mon chéri ?

ɛ

18	*Lui*	Oui, je la trouve jolie.

19	*Elle*	Maintenant, j'ai un manteau vert et une robe verte.

20		Je suis contente.

ɔ̃ ã

Tableaux structuraux

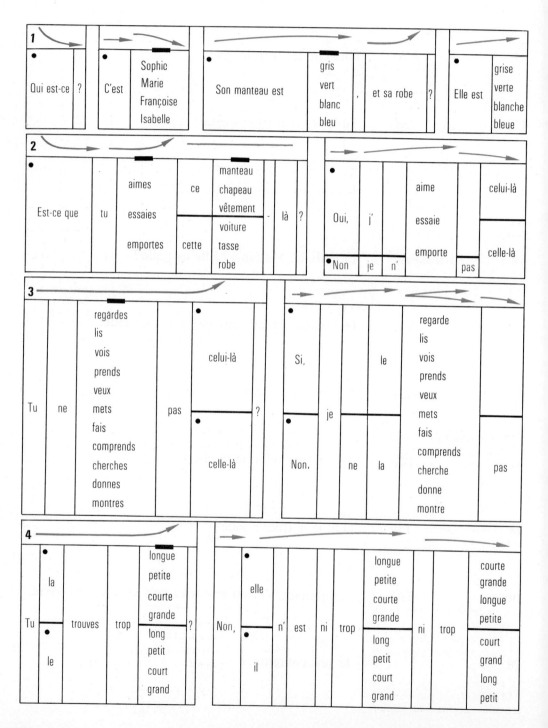

1

| Qui est-ce | ? | C'est | Sophie Marie Françoise Isabelle | Son manteau est | gris vert blanc bleu | , et sa robe | ? | Elle est | grise verte blanche bleue |

2

| Est-ce que | tu | aimes essaies emportes | ce cette | manteau chapeau vêtement voiture tasse robe | -là | ? | Oui, | j' | aime essaie emporte | celui-là celle-là |
| | | | | | | | Non | je n' | pas | |

3

| Tu | ne | regardes lis vois prends veux mets fais comprends cherches donnes montres | pas | celui-là celle-là | ? |
| | | | | | |

| Si, | | le je | regarde lis vois prends veux mets fais comprends cherche donne montre | pas |
| Non, | ne | la | | |

4

| Tu | la / le | trouves | trop | longue petite courte grande / long petit court grand | ? |

| Non, | elle / il | n' est | ni trop | longue petite courte grande / long petit court grand | ni trop | courte grande longue petite / court grand long petit |

64

5

Voulez-vous	ce	manteau chapeau	?
	cette	robe voiture	
	un	manteau sac	
	une	robe voiture	

Oui,	je	le	voudrais		
		la		un	
	j'	en		une	

	Le	voilà		
	La		un	
	En		une	

6

Il me faut	une	autre	jupe
			couleur
			robe
			manteau
	un		chapeau
			gant

| Bon | , | en | voilà | une | autre |
| | | | | un | |

Prends	la
Regarde	
Essaie	
Vois	
Emporte	le
Mets	

Mon manteau est ver**t**. ⟶ **Ma** robe est verte.
Mon manteau est rouge. ⟶ Ma robe est rouge.
Mon manteau est **long**. ⟶ Ma robe est lon**gue**.

Ce manteau-**là** ⟶ **Cette** robe-**là**.
celui-là ⟶ **celle-là**

rester

je reste
{ vous restez, Madame.
{ tu rest**es**, ma chérie.
il reste
{ restez !
{ reste !

aimer

j'aime
{ vous aimez, Madame...
{ tu aimes, ma chérie...
il aime
{ aimez !
{ aime, ma chérie !

65

Exercices oraux ou écrits

18	**A partir de l'exemple, construisez des phrases semblables avec les éléments donnés :**	**Exemples**
a	La robe grise / Sophie La robe verte / Isabelle La robe blanche / Sylvie La robe bleue / Françoise	*Qui est-ce? C'est Sophie.* *Son manteau est gris.* *Et sa robe?* *Elle est grise*
b	Aimer un manteau Essayer un vêtement Emporter une tasse Essayer une robe	*Est-ce que tu aimes ce manteau-là?* *Oui, j'aime celui-là.* *Non, je n'aime pas celui-là.*
c	Regarder, faire, lire, vouloir, voir, comprendre	*Tu ne regardes pas celui-là?* *Si, je le regarde.* *Tu ne regardes pas celle-là?* *Non, moi, je ne la regarde pas.*
d	Long / court, grand / petit, court / long, petit / grand.	*Tu la trouves trop longue?* *Non, elle n'est ni trop longue ni trop courte.*
e	Ce manteau, cette robe, ce sac, cette voiture.	*Voulez-vous ce manteau?* *Oui, je le voudrais.* *Le voilà.*
f	Un manteau, une robe, un sac, une voiture	*Voulez-vous un manteau?* *Oui, j'en voudrais un.* *En voilà un.*
g	Essayer une robe Prendre un chapeau Mettre un gant Regarder une jupe	*Il me faut une autre robe.* *Bon, en voilà une autre.* *Essaye-la.*
h	Aimer cette robe Regarder cette voiture Fermer cette porte Écouter ce vendeur	*Elle aime cette robe-là; tu l'aimes aussi?* *Non, je ne l'aime pas.*

19	**Dialogue entre deux personnes. Mettez les répliques dans l'ordre convenable :**	
	— Mais oui, prends-le. — Mais si, prends-le tout de suite. — Est-ce que ce manteau me va bien? — Est-ce que je le prends? — Oui, il te va bien, je l'aime bien. — Je ne le prends pas maintenant?	

Robe verte et sac rouge

Mme Durand   Il fait beau aujourd'hui : on ne voit pas un nuage.

M. Durand   Oui, le ciel est bleu.

Mme Durand   Je voudrais aller au Bois pour marcher un peu sous les arbres.

M. Durand   Je veux bien. Est-ce que tu prends un manteau?

Mme Durand   Je n'en ai pas besoin, chéri.

M. Durand   Qu'est-ce que je mets? Cette veste-là? ou celle-là?

Mme Durand   Celle-là, la noire.

M. Durand   Et toi?

Mme Durand   Moi, ma jolie robe verte. Tu ne la trouves pas trop courte, n'est-ce pas?

M. Durand   Non, elle est à la mode et elle te va bien. Et prends aussi ton sac rouge.

Mme Durand   Un sac rouge avec une robe verte!
Ah! non, ça ne va pas : je ne veux pas ressembler
à un tableau moderne.

Taxi

M. Cazot   Taxi! Taxi! *(le taxi ne s'arrête pas)...*
Allons, bon! il n'est pas libre.
En voilà un autre : taxi! *(le taxi s'arrête).*

Le chauffeur   Où voulez-vous aller, Monsieur?

M. Cazot   A la gare de l'Est.

Le chauffeur   Oui, ça va : montez.

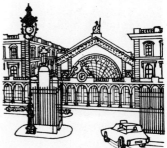

....

M. Cazot   (à la gare de l'Est) Combien ça fait-il?

Le chauffeur   Dix francs.

M. Cazot   Voilà dix francs et deux francs de pourboire.

Le chauffeur   Merci bien, monsieur. Bonne journée!

La France en images

« *Défense de stationner* ».
L'agent dresse
une contravention

« *Garçon, une bière!* »

« *Madame,*
un journal illustré,
s'il vous plaît! »

L'ascenseur de la Tour Eiffel

La Tour Eiffel

Marco prend un taxi

La peinture et la musique

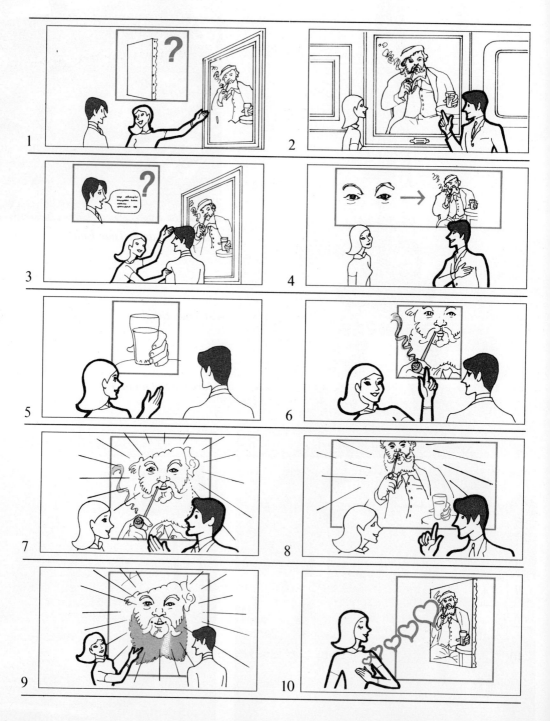

1	*Sophie*	Connaissez-vous cette toile, Marco ?
		ɔ ɛ wa
2	*Marco*	Je la connais, c'est le *Bon bock* de Manet.
		ɔ ɔ a ɛ
3	*Sophie*	Qu'est-ce que vous en dites ?
4	*Marco*	J'aime les yeux de ce bonhomme.
		ɛ /e-zjø ɔ ɔ
5	*Sophie*	Sa main tient un bock de bière.
		ɛ̃ jɛ̃
6		Il a une pipe à la bouche.
7	*Marco*	Il est content de sa pipe,
		ɔ̃ ɑ̃
8		il est content de son bock.
9	*Sophie*	Il est content aussi de sa belle barbe.
		o a ɛ a
10		Vraiment, j'aime beaucoup cette toile...
		ɛ ɑ̃ o

La peinture et la musique

11	*Marco*	Voilà maintenant une peinture moderne.	0 zéro
12		C'est la *Femme assise* de Picasso.	1 un (premier)
13	*Sophie*	Ah ! je ne comprends pas.	2 deux (deuxième)
14		Je vois un œil.	3 trois (troisième)
15		Mais où est son nez ?	4 quatre (quatrième)
16		Où sont ses oreilles ? Je ne les vois pas.	5 cinq (cinquième)
17	*Marco*	Sophie, la peinture, c'est comme la musique.	6 six (sixième)
18		Il ne faut pas dire : « Je la comprends ».	7 sept (septième)
19		Il faut dire : « Je l'aime »,	8 huit (huitième)
20		ou : « Je ne l'aime pas ».	9 neuf (neuvième)
			10 dix (dixième)

Tableaux structuraux

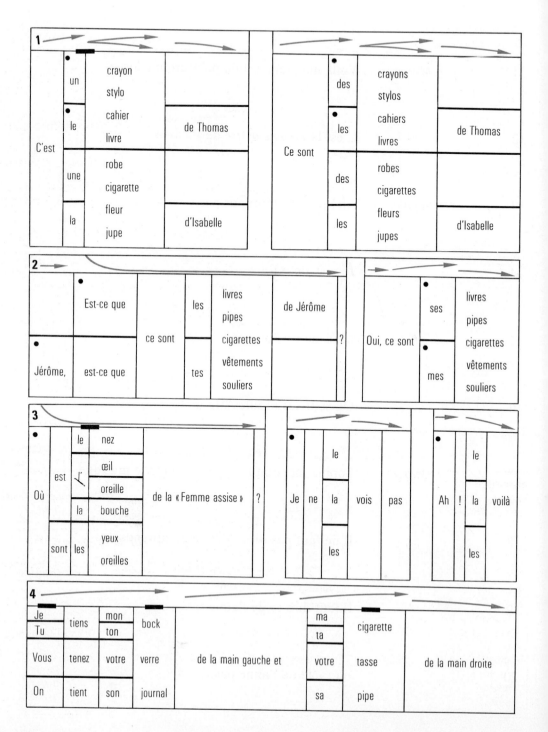

1

C'est	un	crayon / stylo	
	le	cahier / livre	de Thomas
	une	robe / cigarette	
	la	fleur / jupe	d'Isabelle

Ce sont	des	crayons / stylos	
	les	cahiers / livres	de Thomas
	des	robes / cigarettes	
	les	fleurs / jupes	d'Isabelle

2

| Est-ce que | ce sont | les | livres / pipes | de Jérôme | ? |
| Jérôme, est-ce que | | tes | cigarettes / vêtements / souliers | | |

| Oui, ce sont | ses | livres / pipes | |
| | mes | cigarettes / vêtements / souliers | |

3

| Où | est l' / la | le nez / œil / oreille / bouche | de la « Femme assise » | ? |
| | sont les | yeux / oreilles | | |

| Je ne | la / les | vois pas |

| Ah ! | la / les | voilà |

4

Je / Tu	tiens	mon / ton	bock / verre / journal	de la main gauche et	ma / ta	cigarette / tasse / pipe	de la main droite
Vous	tenez	votre			votre		
On	tient	son			sa		

74

5

Vous	connaissez		M. Roche Manet Picasso	
Paul	connaît	cette	musique peinture femme	?
		ces	toiles étudiantes vendeuses	

Oui	je	le	connais	
Non	il	ne	la / les	connaît pas

6

Combien		y a-t-il / as-tu	de	cigarettes couleurs toiles peintures	?
	de	cigarettes couleurs toiles peintures		y a-t-il / as-tu	

Il y en a	une deux trois quatre cinq six sept huit neuf dix
J'en ai	

7

Tu	es	jolie bonne fatiguée
Elle	est	contente moderne
Vous	êtes	jolies bonnes fatiguées
Elles	sont	contentes modernes

une toile ⟶ **des** toiles
la toile ⟶ **les** toiles
son œil, **ses** yeux ⟶ **sa** voiture, **ses** voitures (**mes** yeux, **tes** yeux)

Les sacs, je **les** vois.

Connaissez-**vous**...?   =   **Est-ce que** vous connaissez...?
Où est **son livre**?   Où est-**il**?

être

je suis
⎰ vous êtes
⎱ tu es
il est
ils sont
⎰ **soyez!**
⎱ **sois!**

connaître

je connais
⎰ vous connaissez
⎱ tu connais
il connaît
ils connaissent
⎰ connaissez!
⎱ connais!

tenir

je tiens
⎰ vous tenez
⎱ tu tiens
il tient
ils tiennent
⎰ tenez!
⎱ tiens!

Exercices oraux ou écrits

	Exemples
20 A partir de l'exemple, construisez des phrases semblables avec les éléments donnés :	**Exemples** ①
a Un livre, une robe, un stylo, une cigarette.	*C'est un livre, ce sont des livres.*
Le livre, la main, l'œil, l'oreille.	*C'est le livre de Sophie.* *Ce sont les livres de Sophie.*
b Les cigarettes, les vêtements, les souliers.	② *Ce sont les cigarettes de Jérôme?* *Oui, ce sont ses cigarettes.*
Tes cigarettes, tes gants, tes pipes.	*Jérôme, ce sont tes cigarettes?* *Oui, ce sont mes cigarettes.*
c Le nez, la bouche, les yeux, l'oreille droite, l'œil droit, les oreilles.	③ *Où est le nez de la Femme assise?* *Je ne le vois pas.* *Ah! le voilà.*
d Être : jolie, fatigués, content, modernes, bonne, fatiguées.	⑦ *Elle est jolie. Tu es jolie.* *Ils sont fatigués. Vous êtes fatigués.*

e   Oui, il la connaît (la toile).
     Non, je ne les connais pas (les personnes).
     Oui, elle le connaît (Picasso).
     Non, je ne la connais pas (la femme).
     Si, ils la connaissent (la peinture).
	⑤
	Marco connaît cette toile?
	Oui, il la connaît.

f   Il y en a cinq.
     J'en ai six.
     Il y en a sept.
     Elle en a huit.
	⑥
	Combien y a-t-il de cigarettes?
	Combien de cigarettes y a-t-il?
	Il y en a cinq.

g   Bock / cigarette (tu)
     Verre / journal (on)
     Chapeau / pipe (vous)
	④
	Tu tiens ton bock de la main droite et ta cigarette de la main gauche.

21 Écrire de 1 à 10.	*Un livre, le premier livre, la première leçon.*
22 Marco et Sophie parlent de peinture. Écrivez le dialogue.	

Variétés

Chez le coiffeur

Le client	Vous aimez les chiens?
Le coiffeur	Beaucoup, monsieur.
Le client	Celui-là, avec sa bonne tête,
	ses grands yeux verts, son gros nez noir
	et ses longues oreilles, il est à vous?
Le coiffeur	Oui, monsieur.
Le client	Et celui-là?
Le coiffeur	Il est à moi aussi.
Le client	Est-ce qu'ils mangent beaucoup, ces deux chiens?
Le coiffeur	Beaucoup, monsieur. Ils ont toujours faim.
Le client	Et qu'est-ce qu'ils font en ce moment?
Le coiffeur	Ils attendent.
Le client	Ils attendent? Je ne comprends pas.
Le coiffeur	Quelquefois, un client tire un morceau de sucre de sa poche.
Le client	Et ils aiment ça?
Le coiffeur	Les chiens sont comme nous : ils aiment les bonnes choses, vous savez.

La photo de Catherine

Sophie	C'est la photo de Catherine?
Jacques	Oui, Catherine est jolie, n'est-ce pas?
Sophie	Elle a de grands yeux, mais sa bouche est trop petite.
Jacques	Et ses cheveux? Vous n'aimez pas ses cheveux?
Sophie	Elle a de beaux cheveux noirs, mais...
Jacques	Mais quoi?
Sophie	Elle a un bouton sur le nez.
Jacques	Tiens, c'est vrai!

Marco et les sports

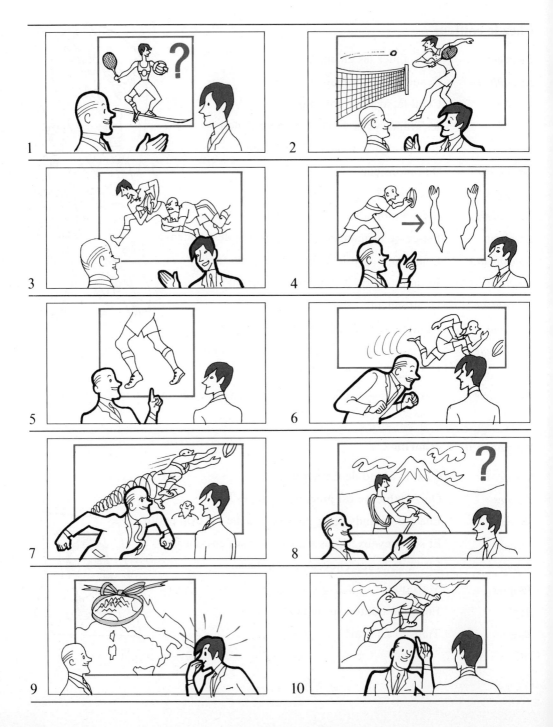

1	*M. Roche*	Marco, vous faites du sport ?
		ɛ ɔ
2	*Marco*	Oui, je fais du tennis,
		e s
3		et aussi du rugby.
		e o
4	*M. Roche*	Le rugby est bon pour les bras,
		e a
5		et surtout pour les jambes ;
		ã
6		il faut courir,
		o
7		il faut sauter.
		o e
8		Faites-vous aussi de la montagne ?
		ɔ̃ aɲ
9	*Marco*	Oui. Nous avons de belles montagnes en Italie.
		a ɛ a
10	*M. Roche*	Pour la montagne, il faut avoir bon pied,
		wa ɔ̃ je

Marco et les sports

11		bon œil. bɔ-nœj	11 onze (onzième)
12		Est-ce que vous nagez? a	12 douze (douzième)
13	*Marco*	Oui, je nage. a	13 treize (treizième)
14		et je fais du bateau. a o	14 quatorze (quatorzième)
15		Il y a beaucoup de bateaux sur la Seine? a o ɛ	15 quinze (quinzième)
16	*M. Roche*	Oui, à Chatou, a	16 seize (seizième)
17		surtout le dimanche. ã	17 dix-sept (dix-septième)
18		Moi, je ne fais plus de sport.	18 dix-huit (dix-huitième)
19		Je suis trop vieux, ɔ jø	19 dix-neuf (dix-neuvième)
20		mais je lis les journaux sportifs. o ɔ	20 vingt (vingtième)

Tableaux structuraux

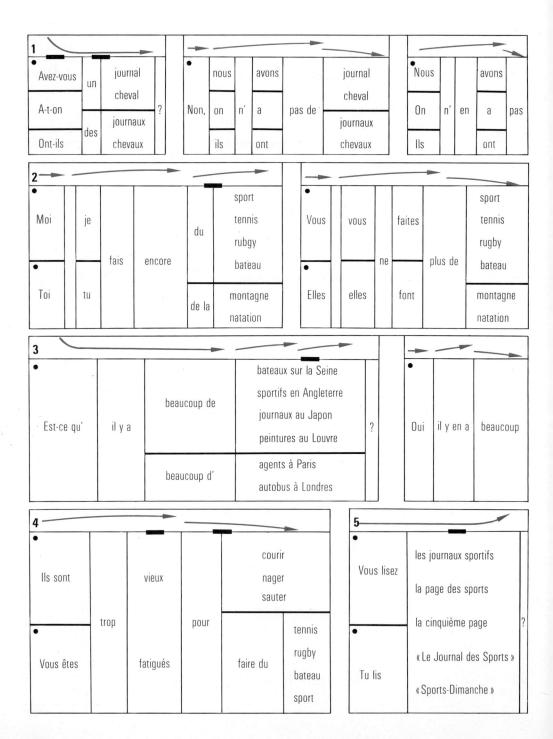

1

Avez-vous	un	journal		?
A-t-on		cheval		
Ont-ils	des	journaux		
		chevaux		

	nous	avons		journal
Non,	on	n' a	pas de	cheval
	ils	ont		journaux
				chevaux

Nous		avons		
On	n'	en a	pas
Ils		ont	

2

Moi	je			du	sport
		fais	encore		tennis
					rubgy
					bateau
Toi	tu			de la	montagne
					natation

Vous	vous	faites			sport
					tennis
			ne	plus de	rugby
					bateau
Elles	elles	font			montagne
					natation

3

Est-ce qu'	il y a	beaucoup de	bateaux sur la Seine	?
			sportifs en Angleterre	
			journaux au Japon	
			peintures au Louvre	
		beaucoup d'	agents à Paris	
			autobus à Londres	

| Oui | il y en a | beaucoup |

4

Ils sont		vieux		courir
	trop		pour	nager
				sauter
Vous êtes		fatigués		faire du
				tennis
				rugby
				bateau
				sport

5

Vous lisez	les journaux sportifs	?
	la page des sports	
	la cinquième page	
Tu lis	« Le Journal des Sports »	
	« Sports-Dimanche »	

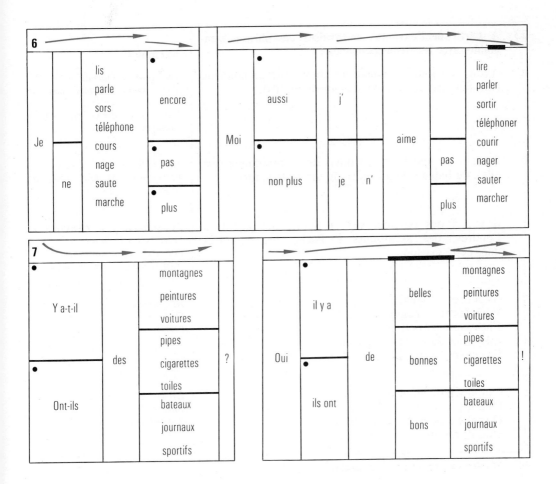

6

Je		lis / parle / sors / téléphone / cours / nage / saute / marche	encore / pas / plus		Moi / non plus	j' / je n'	aime	pas / plus	lire / parler / sortir / téléphoner / courir / nager / sauter / marcher

Je — ne — lis, parle, sors, téléphone, cours, nage, saute, marche — encore, pas, plus

Moi, non plus — j', je n' — aime — pas, plus — lire, parler, sortir, téléphoner, courir, nager, sauter, marcher

7

Y a-t-il / Ont-ils — des — montagnes, peintures, voitures, pipes, cigarettes, toiles, bateaux, journaux sportifs — ?

Oui — il y a / ils ont — de — belles, bonnes, bons — montagnes, peintures, voitures, pipes, cigarettes, toiles, bateaux, journaux sportifs — !

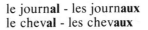

le bat**eau** - les bat**eaux**   le jour**nal** - les jour**naux**
le mant**eau** - les mant**eaux**   le che**val** - les che**vaux**

un journal sportif — des journaux sportif**s**

avoir

j'ai
{ vous avez
{ tu as
il a
ils ont
{ **ayez !**
{ **aie !**

nager

je nage
{ vous nagez
{ tu nag**es**
il nage
ils nagent
{ nagez !
{ nage !

courir

je cours
{ vous courez
{ tu cours
il court
ils courent
{ courez !
{ cours !

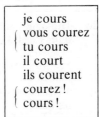

83

Exercices oraux ou écrits

		Exemples
23	**A partir de l'exemple, construisez des phrases semblables avec les éléments donnés :**	
a	Avoir : un journal (vous), un cheval (il), un chapeau (tu), des chevaux (vous), des journaux (ils).	*Avez-vous un journal?* *Non, nous n'avons pas de journal.* *Nous n'en avons pas en ce moment.*
b	Faire : du sport (moi, vous), de la montagne (lui, elle), du bateau (vous, moi), du tennis (toi, lui).	*Moi, je fais encore du sport.* *Vous, vous ne faites plus de sport.*
c	Il y a : des bateaux sur la Seine, des agents à Londres, des ascenseurs à Paris, des peintures dans cette maison.	*Est-ce qu'il y a beaucoup de bateaux sur la Seine?* *Oui, il y en a beaucoup.* *Non, il n'y en a pas beaucoup.*
d	Ils courent / vieux. Vous faites du rugby / fatigué. Elles sautent / petites. Elles font du sport / fatiguées. Ils nagent / vieux.	*Ils courent?* *Non, ils sont trop vieux pour courir.*
e	Oui, il y a de belles voitures. Oui, il y a de bonnes pipes. Oui, il y a de belles femmes. Oui, ils ont de beaux bateaux.	*Est-ce qu'il y a de belles voitures?* *Y a-t-il de belles voitures?*
24	**Mettez au pluriel et transformez :**	
	C'est un bateau blanc. C'est un joli briquet. C'est un beau sport. C'est un grand chapeau. C'est un cheval noir. C'est un petit journal. C'est une belle montagne. C'est une musique moderne. C'est une belle peinture.	*C'est un bateau blanc.* *Ce sont des bateaux blancs.* *Ils sont blancs, ces bateaux.*
25	**Écrivez de 11 à 20.**	*Onze pages. La onzième page.*
26	**Dialogue entre deux personnes. Mettez les répliques dans l'ordre convenable.** – Vous avez un bateau? – Je vais à Chatou. – Oui, j'en ai un. – Oui, je fais du bateau sur la Seine. – Où allez-vous dimanche? – A Chatou, vous faites du bateau?	

Variétés

Un match de rugby au stade de Colombes

50 000 sportifs sont dans le stade. Ils attendent les deux
équipes : France et Angleterre.

Soudain, les voilà : les Anglais, tout en blanc; les Français
en bleu, blanc et rouge. Les Anglais ont une rose sur la
poitrine, les Français ont un coq : est-ce que le coq peut
manger la rose?

Eh bien! non, pas aujourd'hui. Les Anglais sont forts
et courent vite. La rose gagne par 15 à 11.

En 1968, la France est première dans le Tournoi des Cinq
Nations. En 1970, elle est la dernière. Le sport, c'est ça :
premier aujourd'hui, et dernier demain.

Le Français et le sport

L'étudiant	Est-ce que les Français pratiquent les sports?
Le professeur	Bien sûr, les jeunes Français aiment les sports, comme tous les jeunes dans le monde.
L'étudiant	Quels sports pratiquent-ils surtout?
Le professeur	Surtout le football, le rugby, le ski, la bicyclette, l'automobile et le bateau. Et, le soir, ils aiment beaucoup voir un match à la télévision.

Un travail bien payé

1	*Henri*	Eh bien, André, tu es toujours en chômage? ã e ã o a	
2	*André*	Non. Je travaille chez Fabre. a-vaj e a	21 vingt et un (vingt et unième) 22 vingt-deux (vingt-deuxième)
3	*Henri*	Et qu'est-ce que tu fais chez Fabre?	23 vingt-trois (vingt-troisième)

4	*André*	Nous travaillons, mes camarades et moi, à un
		    a-va-jɔ̃ e a a
		barrage.
		      a	

5	*Henri*	Vous avez de bons salaires? a a ɛ	30 trente (trentième)
6	*André*	Oui. Nous sommes bien payés. ɔ pe-je	40 quarante (quarantième)
7	*Henri*	Combien gagnes-tu? ɔ̃ jɛ̃	50 cinquante (cinquantième)
8	*André*	Je gagne 12 francs de l'heure. ã œ	60 soixante (soixantième) 61 soixante et un (soixante et unième)
9	*Henri*	Est-ce que ton travail te plaît? a-vaj	68 soixante-huit (soixante-huitième)
10	*André*	Oui, il me plaît.	69 soixante-neuf (soixante-neuvième)

Un travail bien payé

11   Le patron a des machines modernes.
                     a ɔ̃   a   ɔ ɛ

12   Henri   Il y a beaucoup d'ouvriers sur ce barrage?
                       o

13   André   Nous sommes 70.

14   Henri   Et toi, Michel, tu travailles chez les frères Jal?
                    ɛ   a

15   Michel   Oui. Je travaille dans leurs bureaux.
                       œ   o

16   Henri   Comme ingénieur?
                ɔ   ɛ̃   jœ

17   Michel   Oh! non; comme employé.
                o   ɑ̃-p wa-je

18   Je photocopie les dessins des ingénieurs.
                ɔ ɔ ɔ   e ɛ̃

19   Henri   Ta femme aussi travaille chez Jal?
                a a   o

20   Michel   Oui, elle est dactylo.   70
                     a   o   soixante-dix
                                       (soixante-dixième)

Tableaux structuraux

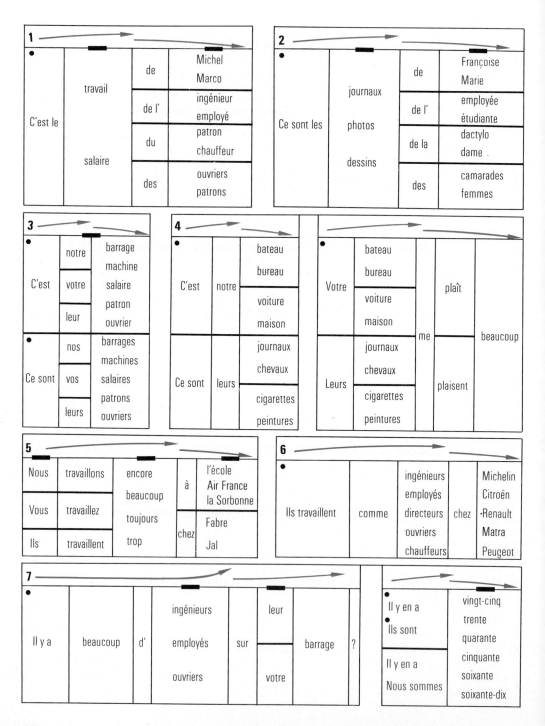

1

C'est le	travail	de	Michel Marco
		de l'	ingénieur employé
		du	patron chauffeur
	salaire	des	ouvriers patrons

2

Ce sont les	journaux	de	Françoise Marie
	photos	de l'	employée étudiante
		de la	dactylo dame .
	dessins	des	camarades femmes

3

| C'est | notre
votre
leur | barrage
machine
salaire
patron
ouvrier |
| Ce sont | nos
vos
leurs | barrages
machines
salaires
patrons
ouvriers |

4

| C'est | notre | bateau
bureau
voiture
maison |
| Ce sont | leurs | journaux
chevaux
cigarettes
peintures |

| Votre | bateau
bureau
voiture
maison | | plaît |
| Leurs | journaux
chevaux
cigarettes
peintures | me | plaisent | beaucoup |

5

Nous	travaillons	encore	à	l'école Air France la Sorbonne
Vous	travaillez	beaucoup toujours	chez	Fabre
Ils	travaillent	trop		Jal

6

| Ils travaillent | comme | ingénieurs
employés
directeurs
ouvriers
chauffeurs | chez | Michelin
Citroën
·Renault
Matra
Peugeot |

7

| Il y a | beaucoup | d' | ingénieurs
employés
ouvriers | leur
votre | sur | barrage | ? |

| Il y en a
Ils sont | vingt-cinq
trente
quarante |
| Il y en a
Nous sommes | cinquante
soixante
soixante-dix |

8

Combien	gagnes prends veux paies voudrais as	- tu ?

Je J'	gagne prends veux paie voudrais ai	10 21 31 32 43 54	francs de l'heure

9

Mon Ton Son Votre	travail patron employé	me te lui vous	plaît

10

Je Tu Il On Elles	cherch trouv parl regard travaill donn gagn mont march nag cherch	e es e ent

11

Nous Vous	entr aim essay emport excus	ons ez

12

Vous	êtes	encore	en chômage	
Nous	sommes		sur le barrage	?
		toujours	à la Sorbonne	
Ils	sont		au café	

Oui, encore
Non, pas toujours

notre travail, à **nous**   **votre** travail, à **vous**   **leur** travail, à **eux.**
nos voitures   **vos** voitures   **leurs** voitures

le livre **de** l'étudiant   le livre **du** professeur
les livres **des** étudiants

travailler

> je travaille
> { vous travaillez
> { tu travaill**es**
> il travaille
> nous travaillons
> vous travaillez
> ils travaillent
> { travaillez !
> { travaille !

plaire

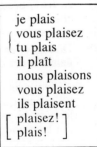

> je plais
> { vous plaisez
> { tu plais
> il plaît
> nous plaisons
> vous plaisez
> ils plaisent
> [plaisez !]
> [plais !]

Exercices oraux ou écrits

		Exemples
27	**A partir de l'exemple, construisez des phrases semblables avec les éléments donnés.** ①	
a	Travail / ouvriers Bureaux / dactylos Salaire / employés Bureau / patron Dessins / ingénieurs Photos / dame	*C'est le travail des ouvriers.*
b	Notre machine, votre salaire, leur ouvrier, notre patron ③	*C'est notre machine.* *Ce sont nos machines.*
c	Ils sont ingénieurs / Fabre Vous êtes employé / Renault Tu es photographe / Michelin Elles sont dactylos / Citroën ⑥	*Ils travaillent comme ingénieurs chez Fabre.*
d	22 ingénieurs sur leur barrage 33 ouvriers dans votre usine 55 employés dans vos bureaux 44 étudiants dans leur classe ⑦	*Il y a beaucoup d'ingénieurs sur leur barrage?* *Il y en a 22.* *Non, ils sont 23.*
e	Gagner (tu). Payer (ils). Vouloir (il). Avoir (nous). ⑧	*Combien gagnes-tu?* *Je gagne 12 francs de l'heure.*
f	Regarder l'usine Chercher les dessins Essayer la machine Connaître le travail Tenir les livres	*Ils regardent l'usine.* *Vous ne la regardez pas?* *Non, nous ne la regardons pas.* *Il faut la regarder!* *Regardez-la! Regardons-la!*
g	Encore en chômage (je, elles) Toujours sur le barrage (nous, ils) Toujours au café (nous, vous) Encore à la Sorbonne (tu, elle) ⑫	*Je suis encore en chômage.* *Elles sont encore en chômage.*
h	Notre bureau, nos cigarettes, leurs journaux, leur cheval. ⑨	*C'est notre bureau.* *Votre bureau me plaît beaucoup.*
28	**Dialogue entre deux personnes. Mettez les répliques dans l'ordre convenable :** — Oui, ils gagnent 20 francs de l'heure. — Ah! qu'est-ce que tu fais? — Où vas-tu? — Aujourd'hui, je paie le salaire des ouvriers. — Je vais au bureau; j'ai beaucoup de travail. — Ils ont de bons salaires?	

Variétés

Le métier de professeur

M. Durand	Est-ce que vous avez un bon métier?
M. Martin	Assez bon; je suis professeur.
M. Durand	Professeur? Alors vous avez des vacances.
M. Martin	Les professeurs ont du travail aussi.
	Dans notre école, il y a 40 élèves par classe.
M. Durand	Est-ce que vous leur donnez des leçons à apprendre?
M. Martin	Oui, bien sûr.
M. Durand	Et des devoirs à faire?
M. Martin	Ah! non. Les élèves n'aiment pas ça.

La dactylo parle l'anglais

Paulette	Est-ce qu'il est gentil, ton patron?
Marie	Pas toujours. Mais il nous paie bien.
	Je suis contente de mon salaire.
Paulette	Êtes-vous beaucoup d'employés?
Marie	A peu près soixante.
Paulette	Tu travailles comme dactylo?
Marie	Oui, c'est un travail facile.
	Mais ma machine à écrire n'est pas moderne.
Paulette	Est-ce que tu parles l'anglais?
Marie	Oui. Ma mère est Américaine.
Paulette	C'est bien : avec l'anglais, on trouve facilement une bonne place.

Entre femmes

#			
1	*Mme Roche*	C'est votre nouveau manteau, Isabelle ?	
		o ã o za ɛ	
2	*Isabelle*	Oui ; il est beau, n'est-ce pas ?	71 soixante et onze (soixante-et-onzième)
		o	
3	*Mme Roche*	Oui, je le trouve beau.	72 soixante-douze (soixante-douzième)
			73 soixante-treize (soixante-treizième)
4		En quoi est-il ?	
		wa	74 soixante-quatorze (soixante-quatorzième)
5	*Isabelle*	Il est en laine.	75 soixante-quinze (soixante-quinzième)
		ɛ	
6	*Mme Roche*	Vous avez aussi une nouvelle écharpe.	
		o ɛ a	
7		Elle est belle aussi.	76 soixante-seize (soixante-seizième)
		ɛ	77 soixante-dix-sept (soixante-dix-septième)
8		Est-elle en soie ?	78 soixante-dix-huit (soixante-dix-huitième)
		wa	
9	*Isabelle*	Non, elle est en nylon, comme mes bas.	
		i ɔ̃ ɔ e ɑ	
10		Mon chemisier, lui, est en soie.	79 soixante-dix-neuf (soixante-dix-neuvième)
		zje	

Entre femmes

| 11 | *Mme Roche* | Vos écharpes sont toujours jolies. |
| | | o ɔ |

| 12 | | Où les achetez-vous ? |
| | | a |

| 13 | *Isabelle* | Je les achète chez Lelong. |
| | | e ǝ ɔ̃ |

| 14 | *Mme Roche* | Chez Lelong, j'achète les cravates de mon mari. |
| | | a a a |

| 15 | | Et pour ses costumes¹, il va chez Durel. |
| | | e e ɔ a |

| 16 | *Isabelle* | Mon mari va aussi chez Durel pour ses chemises |
| | | z |

| 17 | | et ses pyjamas. |
| | | a a |

| 18 | | Durel vend aussi de bonnes chaussettes. |
| | | ã ɔ o ɛ |

| 19 | *Mme Roche* | Et pour vos gants ? |
| | | ã |

| 20 | *Isabelle* | Je vais à la Samaritaine. |
| | | ɛ a a ɛ |

---

1. *Le costume :* la veste et le pantalon.

Tableaux structuraux

1

Votre	chemisier pyjama			il
Leur	cravate chemise	en quoi	est	elle
Vos	bas costumes			ils
Leurs	écharpes chaussettes		sont	elles

(?)

Il			laine
Elle	est	en	soie
Ils	sont		nylon
Elles			

2

Ce sont	des	chemises chaussettes écharpes	de	nylon
		bas chemisiers pyjamas		laine soie

(?)

Oui,	elles	sont	en	nylon laine
	ils			soie

Oui,	c'est	du nylon de la laine de la soie

3

C'est	votre	nouveau	manteau chapeau
		nouvelle	robe écharpe
Ce sont	vos	nouvelles	chaussettes cravates
		nouveaux	souliers gants

(?)

Oui,	il	est	beau
	elle		belle
	elles	sont	belles
	ils		beaux

n'est-ce pas ?

Oui, je	le	trouve	beau
	la		belle
			belles
	les		beaux

4

Il	achète vend	un	nouveau beau	costume manteau
Tu	vends achètes	une	belle nouvelle	écharpe robe
Ils	achètent vendent	de	nouvelles belles	chaussettes cravates
Nous	vendons achetons		beaux nouveaux	bas pyjamas

(?)

Oui,	il	achète vend	un	nouveau beau	en laine
	j'	vends achète	une	belle nouvelle	
	ils	achètent vendent		nouvelles belles	
		vendez achetez	-en de	beaux nouveaux	

5

Elles	veulent / prennent / mettent / paient / vendent / essayent / emportent	leurs	gants / chaussettes / bas / souliers	, n'est-ce pas	?

Oui,	elles	les	veulent / prennent / mettent / paient / vendent / essayent / emportent	toujours

6

Où	allez-vous	pour	les	cravates / pyjamas / gants / écharpes / chapeaux / bas	de votre	mari / femme	?

Je vais	chez	Lelong / Durel
	à la	« Samaritaine »
	au	« Bon marché » / « Louvre » / « Printemps »

un nouv**eau** manteau ⟶	une nouv**elle** robe
un **vieux** manteau ⟶	une **vieille** robe
un **beau** manteau ⟶	une **belle** robe
un **bon** pyjama ⟶	une **bonne** chaussette
un mauvais pyjama ⟶	une mauvai**se** chaussette

Le manteau, **en quoi** est-il? – Il est **en** laine.

acheter

j'achète
vous achetez
tu achètes
il achète
nous achetons
vous achetez
ils achètent
achetez!
achète!

vendre

je vends
vous vendez
tu vends
il vend
nous vendons
vous vendez
ils vendent
vendez!
vends!

Exercices oraux ou écrits

29 **A partir de l'exemple, construisez des phrases semblables avec les éléments donnés :**

Exemples

a Votre pyjama / soie
Leur chemisier / nylon
Leurs chemises / nylon
Vos écharpes / laine
Nos cravates / soie

Votre pyjama, en quoi est-il?
Il est en soie.

b Des chemises / nylon
Des costumes / laine
Des chaussettes / nylon
Des bas / soie

Ce sont des chemises de nylon?
Oui, elles sont en nylon.
Oui, c'est du nylon.

c Le manteau, la robe, les gants, les cravates, les souliers, les chaussettes.

C'est votre nouveau manteau?
Oui, il est beau, n'est-ce pas?
Oui, je le trouve beau.

d Acheter un costume en laine (il)
Vendre une robe en soie (elle)
Acheter des cravates en laine (ils)
Acheter une écharpe en soie (tu)
Vendre des pyjamas en nylon (vous)

Il achète un nouveau costume?
Oui, il en achète un nouveau
en laine.

e Vouloir les gants (elles)
Prendre les manteaux (nous)
Payer les bas (nous)
Acheter les souliers (nous)
Vendre les vêtements (tu)

Elles veulent leurs gants,
n'est-ce pas?
Oui, elles les veulent toujours.

f Fusée/beau
Femme/beau
Machine/beau
Chapeau/rond

Cette fusée est belle?
Oui, elle est belle.
Une fusée, c'est beau?
Oui, c'est beau.

30 **Mettez à toutes les personnes : J'achète des vêtements à Lille et je les revends à Paris.**

31 **Écrire de 70 à 80.**

Soixante-dix pages.
La soixante-dixième page.

32 **Dialogue : Claire et Jacques vont à la « Samaritaine » acheter leurs gants. Racontez.**

Variétés

La machine à laver

Mme Collard	Avez-vous de belles chemises d'homme?
La vendeuse	En quoi les voulez-vous? En soie? en nylon? en coton?
Mme Collard	En coton. La soie ce n'est bon que pour les femmes. Et les chemises de nylon sont mauvaises pour la santé!
La vendeuse	Peut-être, mais le nylon, c'est commode : vous le lavez facilement.
Mme Collard	Oh! les chemises de mon mari, je ne les lave pas à la main.
La vendeuse	Comment faites-vous?
Mme Collard	J'ai une bonne machine à laver : ça va vite!

En quoi est-ce?

Le fils	Papa, avec quoi fait-on le papier?
Le père	Avec du bois, Pierrot.
Le fils	Et le cuir des chaussures?
Le père	Avec la peau des vaches et des bœufs.
Le père	Et les pneus? En quoi sont-ils, Pierrot?
Le fils	Oh! je sais, papa : ils sont en caoutchouc.

Une promenade à Chartres

1	*Mme Roche*	As-tu téléphoné à Marco ?	80 quatre-vingts (quatre-vingtième)
2	*M. Roche*	Oui, j'ai téléphoné à 9 heures.	81 quatre-vingt-un (quatre-vingt-unième)
3		Il n'a pas répondu.	82 quatre-vingt-deux (quatre-vingt-deuxième)
			90 quatre-vingt-dix (quatre-vingt-dixième)
4	*Mme Roche*	Alors, téléphone encore.	91 quatre-vingt-onze (quatre-vingt-onzième)
5	*M. Roche*	Allô ! Allô ! l'hôtel d'Italie ?	92 quatre-vingt-douze (quatre-vingt-douzième)
6		Voulez-vous me donner Monsieur Boni ?	
7		... Allô ! Marco ? Bonjour.	100 cent (centième)
8		... Dites-moi : on vous emmène à Rouen, voulez-vous ?	
9		... Demain,	101 cent un (cent-unième)
10		... ou après-demain.	1000 mille (millième)

Une promenade à Chartres

11   Ah ! vous avez visité Rouen ?
                               ɑ   a   z

12   *Mme Roche*   Est-ce qu'il a visité Chartres ?
                                            a

13   *M. Roche*   Allô, avez-vous visité Chartres ?

14   ... Vous ne connaissez pas les vitraux de la cathédrale ?
                                 ɔ   o   a   a

15   ... Oh ! ces vitraux-là sont magnifiques.
                        o   a ɲi

16   ... Alors, c'est d'accord ?
                           a   ɔ

17   ... Bon : on vous prend demain à l'hôtel.
                                  ɑ̃

18   ... A quelle heure ? A 10 heures.
                            ɛ   œ

19   ... Apportez votre appareil photo.
                       a   ɔ   a   a ɛj   ɔ o

20   ... Mais oui, Sophie vient aussi.
                               jɛ̃   o

Tableaux structuraux

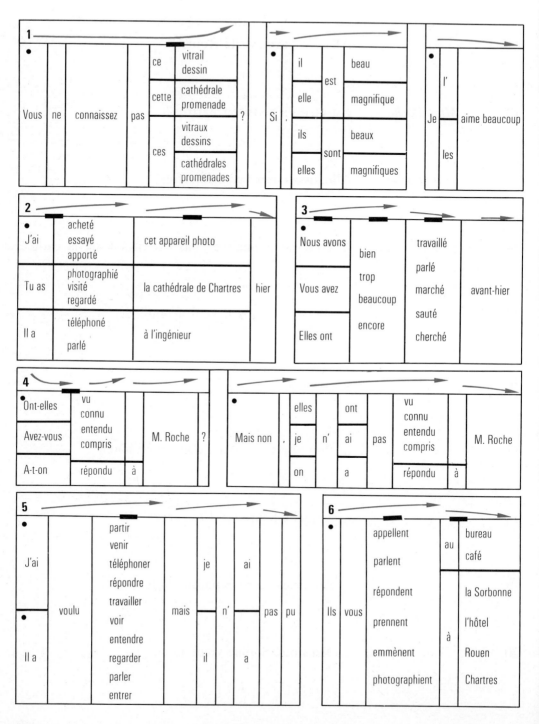

1

Vous ne connaissez pas / ce — vitrail, dessin / cette — cathédrale, promenade / ces — vitraux, dessins, cathédrales, promenades ?
Si, il — est — beau / elle — magnifique / ils — sont — beaux / elles — magnifiques.
Je l' / les aime beaucoup

2

J'ai — acheté, essayé, apporté — cet appareil photo
Tu as — photographié, visité, regardé — la cathédrale de Chartres — hier
Il a — téléphoné, parlé — à l'ingénieur

3

Nous avons / Vous avez / Elles ont — bien, trop, beaucoup, encore — travaillé, parlé, marché, sauté, cherché — avant-hier

4

Ont-elles / Avez-vous — vu, connu, entendu, compris — M. Roche ? / A-t-on — répondu — à — M. Roche ?
Mais non, elles ont / je n' ai pas / on a — vu, connu, entendu, compris — M. Roche / répondu — à — M. Roche

5

J'ai / Il a — voulu — partir, venir, téléphoner, répondre, travailler, voir, entendre, regarder, parler, entrer — je ai / mais il a — n' pas pu

6

Ils vous — appellent, parlent, répondent, prennent, emmènent, photographient — au bureau, café / à la Sorbonne, l'hôtel, Rouen, Chartres

7			
• J'	appelle	à l'hôtel	
Tu	appelles	au bureau	
Vous	appelez	chez Sophie	
Nous	appelons		

• Je	réponds	de l'hôtel
Tu	réponds	du bureau
Vous	répondez	de chez Sophie
Nous	répondons	

8						
• On	vous	emmène	à	Chartres	, c'est d'accord ?	
Je	t'			Rouen		
Nous	les	emmenons		Chatou		
Elles		emmènent				

•				
Oui,	je	viens	avec	vous
				toi
	ils	viennent		nous
				elles

Ce vitrail-là – **ces** vitraux-là

Aujourd'hui, je **téléphone** à 9 heures ; hier, j'**ai téléphoné** à 8 heures.

téléphoner

j'**ai** téléphoné
vous **avez** téléphoné
tu **as** téléphoné
il **a** téléphoné
nous **avons** téléphoné
vous **avez** téléphoné
ils **ont** téléphoné

emmener

j'emmène	j'**ai** emmené
vous emmenez	vous **avez** emmené
tu emmènes	tu **as** emmené
il emmène	il **a** emmené
nous emmenons	nous **avons** emmené
vous emmenez	vous **avez** emmené
ils emmènent	ils **ont** emmené

Exercices oraux ou écrits

		Exemples
33	**Mettez au passé composé :** ②	**Exemples**
	J'achète cet appareil photo, je l'apporte et je l'essaie. Nous regardons la cathédrale de Chartres, nous photographions les vitraux. Ils téléphonent à l'ingénieur et ils lui parlent. Tu marches, tu sautes et tu nages.	*J'ai acheté...*
34	**A partir de l'exemple, construisez des phrases semblables avec les éléments donnés :** ①	
a	Le beau vitrail La magnifique promenade Les beaux vitraux Les magnifiques cathédrales	*Vous ne connaissez pas ce vitrail?* *Si, il est beau.* *Je l'aime beaucoup.*
b	Travailler bien (je, nous) ③ Parler trop (tu, vous) Marcher beaucoup (elle, elles) Appeler encore (je, nous) Sauter bien (tu, ils)	*J'ai bien travaillé avant-hier.* *Nous avons bien travaillé avant-hier.*
c	Elles voient Monsieur Roche. ④ Vous connaissez Karl. Vous comprenez Marco. Tu entends le téléphone.	*Ont-elles vu Monsieur Roche?* *Mais non, elles n'ont pas vu Monsieur Roche.* *Mais non, elles ne l'ont pas vu.*
d	Je veux partir. ⑤ Il veut travailler. Nous voulons voir. Elles veulent entrer. Vous voulez téléphoner.	*J'ai voulu partir, mais je n'ai pas pu.*
e	Appeler/répondre : hôtel (je), bureau (tu), chez ⑦ Sophie (vous), café (nous).	*J'appelle à l'hôtel.* *Je réponds de l'hôtel.* *J'ai appelé à l'hôtel.* *J'ai répondu de l'hôtel.*
f	Emmener : à Chartres (on, vous), Rouen (je, vous), ⑧ Venise (nous, la), Lyon (nous, les).	*On vous emmène à Chartres?* *Oui, je viens avec vous.*
35	**Dialogue entre deux personnes. Mettez les répliques dans l'ordre convenable :**	
	— Où vas-tu? — A quelle heure partons-nous? — Tu viens avec moi demain? — Je vais à Versailles. — D'accord, je vais à Versailles avec toi. — Nous partons à 11 heures.	

108

Variétés

La fête du père

La mère	Qu'est-ce que tu as acheté pour la fête de ton père ?
La fille	Deux cravates.
La mère	Montre-les.
La fille	Les voilà : une cravate verte pour son complet gris,
	et une grise pour son complet noir.
	Comment les trouves-tu ?
La mère	Elles sont belles. C'est de la soie, je crois ?
La fille	Celle-là est en soie. Mais la verte est en laine :
	elle est jolie aussi, n'est-ce pas ?
La mère	Est-ce qu'elles sont chères ?
La fille	J'ai payé la cravate en soie 50 francs,
	et celle de laine 30 francs.
	Et toi, maman, qu'est-ce que tu as acheté à papa ?
La mère	J'ai acheté un pyjama.
La fille	Il en a déjà trois !
La mère	Mais il ne peut plus les mettre.
	Il est si gros !
	Tu sais combien il pèse ?
La fille	A peu près cent kilos.
La mère	Cent douze !
La fille	Pour 1 m 75, c'est beaucoup.
La mère	Il mange trop de pain.

Je n'ai pas le temps !

| 1 | *Michel* | Quelle heure est-il? |
| | | ɛ   œ |

| 2 | | Oh! il est 8 heures : je m'en vais. |
| | | ɔ   ɑ̃   ɛ |

| 3 | *Henri* | Reste, j'ai seulement 7 heures et demie à ma montre. |
| | | e   œ   ɑ̃   a   ɔ |

| 4 | *Michel* | Je n'ai pas le temps! |
| | | e   a   ɑ̃ |

| 5 | *Henri* | A quelle heure dînes-tu donc? |
| | | ɔ̃ |

| 6 | *Michel* | A 7 heures et demie. |

| 7 | | Je me couche à 9 heures. |

| 8 | | Ma femme aime dormir. Au revoir... |
| | | a   a   ɛ   ɔ   o   wa |

| 9 | *André* | Eh bien, moi, je me couche à minuit. |
| | | e   ɥi |

10	*Henri*	Mais toi, tu commences ton travail à 9 heures du
		ɔ ɑ̃ a-vaj
		matin.
		a ɛ̃

Je n'ai pas le temps !

11   Et puis, tu n'as pas de femme !
                          ɥi

une heure

12   *André*   Je travaille de 9 heures à midi un quart,
                      a-vaj   a

13   et de 2 heures à 6 heures.

quatre heures
un quart

14   Alors, je me lève à 8 heures.
                  a   ɔ

six heures
moins dix

15   J'ai pris ma douche (ou mon bain) le soir,
                                        ɛ̃   wa

16   et le matin, je me lave en 7 minutes,
                            a

dix heures
moins le quart

17   je me rase en 3 minutes,
                  αz

quatre heures
et demie

18   quand je suis rasé, je m'habille (2 minutes),
                  ɑ̃   αz   a-bij

19   et je me chausse (30 secondes),
                          o   əgɔ̃

midi

20   mon petit déjeuner... Et hop ! sur ma moto !
                          ɔ   ɔ o

minuit

Tables de structures

1

Quelle heure	est-il	?

Il est seulement	deux / trois / quatre / cinq / six / sept / huit / neuf	heures	un quart / et demie
	midi / minuit	moins	cinq / dix / vingt / vingt-cinq
			le quart

2

A quelle heure	est-ce que	tu	t'	vas	?
		vous	vous	allez	
Où	est-ce qu'	il / on / elles	s'	va / vont	en

Je	m'	vais	9 / 10 / 11	heures
Nous	nous	allons		
Il / On / Elles	s'	va / vont	à	Chatou / l'école / la montagne

(en)

3

Je me (m')	couche / lève / lave / rase / habille / chausse	?
Nous nous	couchons / levons / lavons / rasons / habillons / chaussons	

Non,	ne	te (t')	couche / lève / lave / rase / habille / chausse	pas	encore
		vous	couchez / levez / lavez / rasez / habillez / chaussez		

Et puis si,	couche / lève / lave / rase / habille / chausse	toi
	couchez / levez / lavez / rasez / habillez / chaussez	vous

4

Quand	je me suis	levé / lavé / rasé / habillé / chaussé	,	je me (m')	lave / rase / habille / chausse / en vais

5

Moi	je	dors		six heures
Nous	nous	dormons	ne ... pas	trop
Lui	il			de bonne heure
Elle	elle	dort		toujours
				assez

114

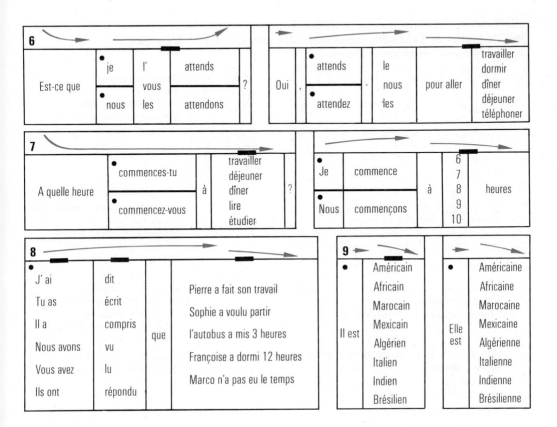

6

Est-ce que je l' / vous attends? nous les attendons?
Oui, attends / attendez - le nous / les pour aller travailler / dormir / dîner / déjeuner / téléphoner

7

A quelle heure commences-tu / commencez-vous à travailler / déjeuner / dîner / lire / étudier?
Je commence / Nous commençons à 6 / 7 / 8 / 9 / 10 heures

8

J'ai dit / Tu as écrit / Il a compris / Nous avons vu / Vous avez lu / Ils ont répondu que Pierre a fait son travail / Sophie a voulu partir / l'autobus a mis 3 heures / Françoise a dormi 12 heures / Marco n'a pas eu le temps

9

Il est Américain / Africain / Marocain / Mexicain / Algérien / Italien / Indien / Brésilien
Elle est Américaine / Africaine / Marocaine / Mexicaine / Algérienne / Italienne / Indienne / Brésilienne

---

Je **me** lave.
Vous **vous** lavez
Tu **te** laves.
Il **se** lave.

Nous **nous** lavons.
Vous **vous** lavez.
Ils **se** lavent.

Lavez-**vous** !
Lave-**toi** !

---

se lever

je me lève
vous vous levez
tu te **lèves**
il se lève
nous nous levons
vous vous levez
ils se **lèvent**
levez-vous !
lève-toi !

commencer

je commence
vous commencez
tu commences
il commence
nous commençons
vous commencez
ils commencent
commencez !
commence !

dormir

je dors
vous dormez
tu dors
il dort
nous dormons
vous dormez
ils dorment
dormez !
dors !

Exercices oraux ou écrits

36 **A partir de l'exemple, construisez des phrases semblables avec les éléments donnés :**

a

Quelle heure est-il, s'il vous plaît?
Il est huit heures cinq.
Merci, monsieur.

b   A neuf heures, à Chatou (tu)
A midi, à Chartres (vous)
A dix heures, à Versailles (il)
A huit heures, au bureau (elles)

A quelle heure est-ce que tu t'en vas?
Je m'en vais à neuf heures.
Où est-ce que tu t'en vas?
Je m'en vais à Chatou.

c   Dormir beaucoup (je, tu)
Dormir trop (il, nous)
Dormir toujours (vous, elles)

Moi, je dors beaucoup.
Moi, j'ai beaucoup dormi.
Toi, tu dors beaucoup.
Toi, tu as beaucoup dormi.

d   Attendre : Jean pour aller travailler (je). Les Roche pour aller dîner (nous), Isabelle pour aller téléphoner (nous).

Est-ce que je l'attends?
Oui, attends-le pour aller travailler.

e   Travailler à neuf heures (tu)
Dormir à dix heures (il)
Dîner à vingt heures (nous)
Déjeuner à midi (vous)

A quelle heure commences-tu à travailler?
Je commence à travailler à neuf heures.

37   Mettez les verbes au présent :

Je (se lever). Tu (se lever) et tu (se laver). Il (se lever), il (se laver) et il (se raser). Nous (se lever), nous (se laver), nous (se raser) et nous (s'habiller). Vous (se lever), vous (se laver), vous (se raser), vous (s'habiller) et vous (se chausser). Ils (se lever), ils (se laver), ils (se raser), ils (s'habiller), ils (se chausser), et ils (s'en aller).

Je me lève...

38   Composez un dialogue entre Monsieur et Madame Roche.

Thème : Monsieur et Madame Roche prennent l'avion aujourd'hui. Leur avion part à midi. Ils se lèvent à dix heures et ils n'ont pas le temps de prendre le petit déjeuner.

Variétés

Fernand est en retard

Le patron   Dites-moi, Fernand, vous avez vu l'heure ?

                8 heures 1/4 !

Fernand   8 heures 10, Monsieur le Directeur.

Le patron   8 heures 10 ou 8 heures 1/4, vous êtes souvent en retard.

                Le travail commence à 8 heures juste.

Fernand   Excusez-moi, Monsieur le Directeur.

                J'habite loin, Monsieur le Directeur.

Le patron   A combien d'ici ?

Fernand   Une demi-heure à pied.

Le patron   Eh ! bien, venez en métro, en autobus ou en vélo.

Prendre le train
(à la gare)

Elle   Le train de Brest est à 9 heures 12.

Lui   Où vois-tu cela ?

Elle   Sur le grand tableau au-dessus de ta tête.

Lui   Ah ! oui.

Elle   Il est 9 heures 5. Je vais prendre les billets.

                (au guichet)

Lui   Deux secondes pour Brest, s'il vous plaît.

L'employé   Voilà, Monsieur.

Lui   Est-ce qu'il faut changer ?

L'employé   Non, le train est direct.

Lui   Allons bon ! Je ne trouve pas mon portefeuille...

                Ah ! le voilà.

L'employé   Vous avez le temps, monsieur.

                Il y a un autre train à 9 heures 22.

La pompe à essence

1	*L'automobiliste*	Je voudrais de l'essence.
2	*Le pompiste*	Ordinaire ou super ?
3	*L'automobiliste*	... Super...
4	*Le pompiste*	Je fais le plein ?
5	*L'automobiliste*	Oui, remplissez le réservoir.
6	*Le pompiste*	Vous consommez beaucoup ?
7	*L'automobiliste*	Je consomme 14 litres aux 100.
8	*Le pompiste*	Ma voiture ne consomme que 6 litres,
9		mais elle est petite.
10	*L'automobiliste*	Moi, j'aime les grosses voitures.

La pompe à essence

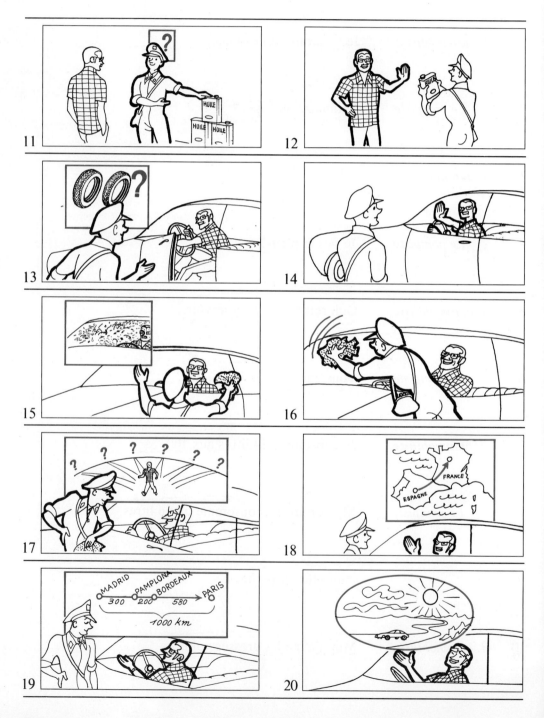

11	*Le pompiste*	... Et de l'huile, je vous en donne ? ɥi ɔ
12	*L'automobiliste*	Non, ça va comme ça. a a ɔ
13	*Le pompiste*	Et les pneus ? ø
14	*L'automobiliste*	Non, ça va aussi. o
15	*Le pompiste*	Attendez : vos glaces sont sales. a ɑ̃ o a a
16		Je leur donne un coup de chiffon. œ ɔ̃
17		D'où venez-vous donc ? ɔ̃
18	*L'automobiliste*	Je viens de Madrid. jɛ̃ a
19		Ça fait 1 000 kilomètres, ɛ ɔ
20		mais j'ai eu beau temps. e y o ɑ̃

Tableaux structuraux

1

	rempl		
Je		is	le réservoir
Tu			le sac
Il		it	le verre
Nous		issons	la caisse
Vous		issez	la voiture
Elles		issent	

2

Nous	commençons				
Vous	commencez	à	travailler		9 h
Ils	commencent		rouler	à	
Nous	finissons				
Vous	finissez	de	parler		17 h
Ils	finissent				

3

Avez-vous	parlé	à la	cliente / dame / dactylo	?
	téléphoné	à l'	employé / ouvrier / automobiliste	
	répondu	au	patron / pompiste / client	

Ont-elles	parlé		clientes / dames / dactylos	?
	téléphoné	aux	employés / ouvriers / automobilistes	
	répondu		patrons / pompistes / clients	

4

	vas-tu / allez-vous / va-t-il / vont-elles		
Où		donc	?

Je vais	à	Madrid
Nous allons	à la	Sorbonne
Il va	à l'	école
Elles vont	au	bureau

Où ?

A	Madrid
A la	Sorbonne
A l'	école
Au	bureau

	viens-tu / venez-vous / vient-il / viennent-elles		
D'où		donc	?

Je viens	de	Madrid
Nous venons	de la	Sorbonne
Il vient	de l'	école
Elles viennent	du	bureau

D'où ?

De	Madrid
De la	Sorbonne
De l'	école
Du	bureau

5

Je	vous / lui / leur	mets / donne / prends	de l'	huile / essence / eau	?

De l'	huile / essence / eau	,	je	vous / lui / leur	en	mets / donne / prends	?

6

| Est-ce qu' | il | m' / nous / leur | a | donné / mis / pris | de l' | huile / essence / eau | ? |

| Est-ce qu' | il | m' / nous / leur | en | a | donné / mis / pris | ? |

7

| Vous | lui / nous / leur | avez vendu / avez acheté | des pneus | ? |

| Oui, je | ne | lui / vous / leur | ai vendu / ai acheté | seulement / que | des pneus |

8

J'	ai		chaud
Tu	as		un beau temps
Il	a		un temps magnifique
Nous	avons	eu	de bons pneus
Vous	avez		de belles cravates
Ils	n'	ont	pas	de jolies écharpes

9

Dis	moi	merci
Dites		au revoir
	nous	bonjour
Fais	lui	
Faites	leur	le plein

Je donne un livre **au** professeur.   ⟶   Je **lui** donne un livre.
Je donne des livres **aux** professeurs. ⟶   Je **leur** donne des livres.

avoir : (hier) j'**ai eu**   nous **avons eu**
           vous **avez eu**...   vous **avez eu**...

remplir

je remplis
{ vous remplissez
{ tu remplis
il remplit
nous remplissons
vous remplissez
ils remplissent
j'ai rempli

finir

je finis
{ vous finissez
{ tu finis
il finit
nous finissons
vous finissez
ils finissent
j'ai fini

attendre

j'attends
{ vous attendez
{ tu attends
il attend
nous attendons
vous attendez
ils attendent
j'ai attendu

Exercices oraux ou écrits

		Exemples
39	**A partir de l'exemple, construisez des phrases semblables avec les éléments donnés :** ①	
a	Remplir : le réservoir (tu), le verre (nous), la caisse (ils), la tasse (vous)	*Est-ce que tu remplis le réservoir? Non, je ne le remplis pas.*
b	Travailler de neuf heures à midi (ils) ② Rouler de six heures à huit heures (tu) Lire de sept heures à neuf heures (nous) S'habiller de sept à huit heures (elle)	*Ils commencent à travailler à neuf heures et ils finissent de travailler à midi.*
c	Parler/cliente (vous) ③ Téléphoner/patron (il) Répondre/ouvrier (vous) Parler/dactylos (ils)	*Avez-vous parlé à la cliente? Oui, je lui ai parlé. Non, je ne lui ai pas parlé.*
d	Aller/venir : Madrid (tu), Santiago (vous), pompe à ④ essence (il), usine (elles).	*Où vas-tu donc? Je vais à Madrid. D'où viens-tu donc? Je viens de Madrid. D'où ça? De Madrid.*
e	Donner de l'huile à Karl ⑤ Donner de l'essence à Paul et à Jean Apporter de l'eau à Sophie Vendre des pneus à Marco et à Karl	*Je lui donne de l'huile? De l'huile, je lui en donne?*
f	Le pompiste m'a donné de l'huile. ⑥ Il lui a donné de l'eau. Il m'a mis de l'essence. Il leur a donné de l'huile.	*Est-ce qu'il m'a donné de l'huile? De l'huile, est-ce qu'il m'en a donné?*
g	Vous lui avez vendu des pneus? ⑦ Vous lui avez acheté des pneus? Tu leur as vendu des pneus? Tu leur as acheté des pneus?	*Non, je lui ai vendu seulement de l'essence. Non, je ne lui ai vendu que de l'essence.*
h	Avoir chaud (je, nous) ⑧ Avoir beau temps (je, vous) Avoir un temps magnifique (tu, ils)	*J'ai eu chaud. Nous avons eu chaud.*
40	**Composez un dialogue entre Monsieur et Madame Roche :** *Thème :* Leur voiture consomme beaucoup. Ils stationnent à la pompe à essence.	

Variétés

La voiture de M. Rivière

M. Simon	Vous êtes content de votre voiture ?
M. Rivière	Oui. Elle roule vite, et elle a de bons freins. Mais elle consomme beaucoup d'essence.
M. Simon	Combien ?
M. Rivière	15 litres aux cent.
M. Simon	Et vous mettez du super ?
M. Rivière	Non, de l'essence ordinaire.
M. Simon	Est-ce que vous faites souvent le plein ?
M. Rivière	Une fois par mois, à peu près.
M. Simon	Alors, vous ne venez pas souvent au bureau avec votre voiture ?
M. Rivière	Jamais.
M. Simon	Et le dimanche, vous sortez en voiture ?
M. Rivière	Il y a trop de circulation.
M. Simon	Alors, votre voiture est presque toujours au garage ?
M. Rivière	Presque toujours, vous voyez.
M. Simon	Mais, dites-moi : pourquoi avez-vous une auto ?
M. Rivière	Pour faire comme tout le monde.

Pourquoi pas un autobus ?

M. Durand	Vous avez une grosse voiture !
M. Gillet	Que voulez-vous ? J'ai cinq enfants.
M. Durand	Mais vous n'avez que six places. Comment faites-vous ?
M. Gillet	Ma femme prend le bébé sur ses genoux.
M. Durand	Et les bagages ?
M. Gillet	On les met sur le toit.
M. Durand	Mais pourquoi n'achetez-vous pas un autobus ?

La France en images

Madame essaye une robe   Le guichet de la gare

La pompe à essence   Le bateau-mouche

Les ouvriers rentrent à l'usine

Le musée du Louvre

Les bateaux sur la Seine

Où se loger?

1   *M. Bot*   Je viens de louer un appartement.
            o   jɛ̃   we   a   a   ə   ɑ̃

2   *M. Lip*   Ah? Où ça?
            ɑ   a

3   *M. Bot*   Rue de Londres.
                           ɔ

4   *M. Lip*   Quand l'avez-vous trouvé?
            ɑ̃   a

5   *M. Bot*   Hier.
            ɛR

6   *M. Lip*   Combien avez-vous de pièces?
            ɔ̃   jɛ̃   jɛ

7   *M. Bot*   Quatre : le séjour,
            a

8   la salle à manger,
            a   a   ɑ̃

9   deux grandes chambres,
            ø   ɑ̃   ɑ̃

10   plus, bien sûr, la cuisine,
            s   ɥi-z

Où se loger?

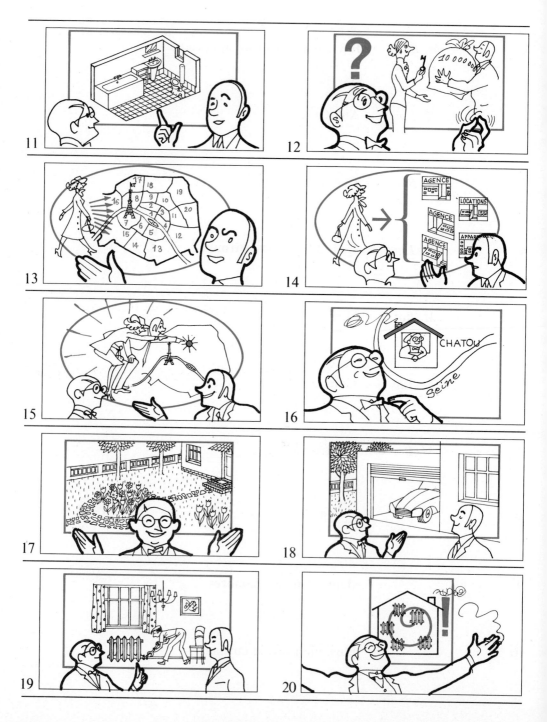

11   et la salle de bains.
           a   ə   ɛ̃

12   M. Lip   Ça vous coûte cher?
                         ɛR

13   M. Bot   Assez; mais ma femme est allée dans tous les quartiers
            a   a   a   a   a je
                                           de Paris,

14   elle s'est adressée à toutes les agences,
              a   e   a ã

15   et nous avons été bien contents de trouver ça.
                             ɔ̃ ã

16   M. Lip   Moi, depuis trois mois, j'habite une maison à Chatou,
                     ɥi   wɑ   wɑ   a   zɔ̃   a

17   j'ai un jardin,
             a   ɛ̃

18   un garage.
            a a

19   Je viens de faire mettre le chauffage central,
                      ɛ   o   a   ã a

20   dans toute la maison.

Tableaux structuraux

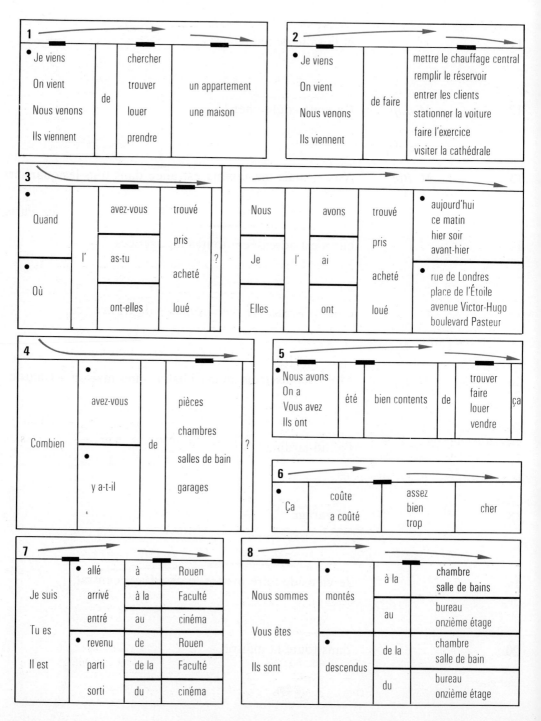

1

Je viens		chercher	
On vient	de	trouver	un appartement
Nous venons		louer	une maison
Ils viennent		prendre	

2

Je viens		mettre le chauffage central
		remplir le réservoir
On vient	de faire	entrer les clients
Nous venons		stationner la voiture
		faire l'exercice
Ils viennent		visiter la cathédrale

3

Quand		avez-vous	trouvé	
			pris	
	l'	as-tu	acheté	?
Où		ont-elles	loué	

Nous		avons	trouvé	aujourd'hui
			pris	ce matin / hier soir / avant-hier
Je	l'	ai	acheté	rue de Londres
Elles		ont	loué	place de l'Étoile / avenue Victor-Hugo / boulevard Pasteur

4

	avez-vous		pièces	
Combien		de	chambres	?
	y a-t-il		salles de bain	
			garages	

5

Nous avons / On a / Vous avez / Ils ont	été	bien contents	de	trouver / faire / louer / vendre	ça

6

Ça	coûte / a coûté	assez / bien / trop	cher

7

Je suis	allé	à	Rouen
	arrivé	à la	Faculté
Tu es	entré	au	cinéma
	revenu	de	Rouen
Il est	parti	de la	Faculté
	sorti	du	cinéma

8

Nous sommes	montés	à la	chambre / salle de bains
Vous êtes		au	bureau / onzième étage
	descendus	de la	chambre / salle de bain
Ils sont		du	bureau / onzième étage

9

Elles	sont	allées	dans	tous les	quartiers magasins hôtels garages bureaux
	se sont	adressées	à	toutes les	agences maisons écoles dactylos employés

10

Depuis hier,	on a vendu	tout le	nylon café
		la	laine soie
		toute	
		l'	essence huile

11

Je	me	suis	couché (e)
Tu	t'	es	levé (e) lavé (e)
Il Elle On	s'	est	habillé (e) chaussé (e)

12

Nous	nous	sommes	excusés (ées) tout de suite
Vous	vous	êtes	logés (ées) à l'hôtel adressés (ées) à une agence connus (ues) en Chine
Ils Elles	se	sont	assis (ses) dans le séjour retrouvés (ées) à Athènes

Tout le jardin est beau. ──────────────→ **Toute la** maison est belle.
Est-ce que **tous les** hommes sont beaux ?   Est-ce que **toutes les** femmes sont belles ?

Je **viens de** louer un appartement, il y a une heure.

Quand l'avez-vous trouvé ?

être		
(hier) j'**ai** été		nous **avons** été
vous **avez** été		vous **avez** été
tu **as** été		ils **ont** été
il **a** été		elles **ont** été

aller		
(hier) je **suis** allé(e)		nous **sommes** allé(e)s
vous **êtes** allé(e)		vous **êtes** allé(e)s
tu **es** allé(e)		
il **est** allé		ils **sont** allés
elle **est** allée		elles **sont** allées

s'adresser	
(hier) je **me suis** adressé(e)... ils **se sont** adressés	

Exercices oraux ou écrits

41 A partir de l'exemple, construisez des phrases semblables avec les éléments donnés :	**Exemples**
a Je cherche un appartement. On trouve une maison. Nous louons un bureau. Ils prennent une chambre à l'hôtel.	*J'ai cherché un appartement.* *Je viens de chercher un appartement.*
b Faire mettre le chauffage central (je) Faire remplir le réservoir (tu) Faire attendre les clients (vous) Faire entrer les étudiants (elles)	*J'ai fait mettre le chauffage central.* *Je viens de faire mettre le chauffage central.*
c Nous avons trouve un bureau. J'ai loué un appartement. Elle a acheté un garage. Ils ont pris un appartement.	*Quand l'avez-vous trouvé?* *Nous l'avons trouvé hier.* *Où l'avez-vous trouvé?* *Nous l'avons trouvé rue de Londres.*
d J'ai quatre pièces. Ils ont trois chambres. Nous avons deux salles de bains. Il a un garage.	*Combien de pièces as-tu?* *J'en ai quatre.* *Combien y a-t-il de pièces?* *Il y en a quatre.*
42 Complétez avec : tout le, tous les, toute la, toutes les : J'ai acheté ... ... nylon aux « Galeries Lafayette », ... soie au « Printemps », ... laine au « Louvre ». Chez Fabre, ... les bureaux sont fermés; ... ... dactylos, ... employés, ... ouvriers sont sortis.	
43 Mettez au passé composé (verbe « être » sauf pour « regarder »). Commencez par nous.../elles... Je pars de Paris à huit heures et je vais à Chartres. J'arrive à Chartres à neuf heures; j'entre dans la cathédrale; je regarde les vitraux; je monte tout en haut de la tour, puis je redescends et je sors.	*Nous sommes partis de Paris à huit heures.*
44 Recopiez. Commencez par Tu.../ Nous.../ Elles... Je me suis levé à sept heures du matin, je me suis lavé, je me suis habillé et je me suis chaussé. Je suis sorti et j'ai cherché un appartement. Je me suis adressé à toutes les agences.	
45 Dialogue entre deux personnes. Mettez les répliques dans l'ordre convenable : A l'agence : « Assez grand, il me faut cinq pièces. — Demain à dix heures. — Comment le voulez-vous? — J'ai quelque chose place de l'Étoile. — Quand est-ce que je peux visiter? — Je voudrais un appartement. »	

Variétés

Un bon dimanche

M. Blanc	Vous avez passé une bonne journée, hier ?
M. Rousseau	Comme tous les dimanches, je suis allé à Fontainebleau. Je viens d'acheter une maison là-bas.
M. Blanc	Une grande maison ?
M. Rousseau	Non : trois pièces et une cuisine, avec une cour devant et un petit jardin derrière.
M. Blanc	Pas de garage ?
M. Rousseau	Si, je viens d'en louer un, à cinquante mètres de la maison.
M. Blanc	Et vous avez mis combien de temps pour arriver chez vous ?
M. Rousseau	1 heure, par l'autoroute du sud.
M. Blanc	Et pour revenir ?
M. Rousseau	1 heure et demie à peu près.
M. Blanc	Pour un dimanche soir, ce n'est pas trop long.
M. Rousseau	Et vous, qu'est-ce que vous avez fait hier ?
M. Blanc	Le matin, j'ai travaillé chez moi : j'ai réparé le lavabo et la fenêtre de la salle de bains. Et l'après-midi ?
M. Blanc	J'ai rangé tous mes papiers, toutes mes photographies.
M. Rousseau	Et vous n'êtes pas sorti ?
M. Blanc	Vous savez : on est si bien chez soi !

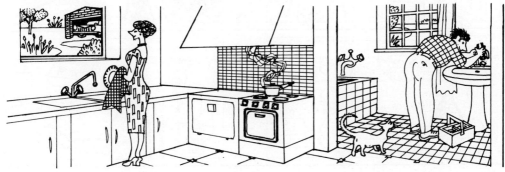

Au supermarché

1   *Isabelle*   Jacques, prends un petit panier[1].
ɛ   ã   a je

2   Nous allons y mettre les provisions.
a   ɛ   ɔ zjɔ̃

3   Voilà de belles pommes de terre.
ɔ   ɔ

4   *Jacques*   Prends-en 2 kilos.
zã   o

5   Il faut aussi du fromage.
o   o   ɔ a

6   *Isabelle*   Oui, je vais acheter un camembert.
ɛ   a ã ɛ

7   *Jacques*   Et du lait? Un litre ou 2 litres?
ɛ

8   *Isabelle*   Un litre, ça va être assez.
a   a   a

9   *Jacques*   Du beurre et des œufs?
œ   de - zø

10   *Isabelle*   Je vais prendre une livre de beurre

---

1. Panier à roues appelé aussi *poussette (une)*.

Au supermarché

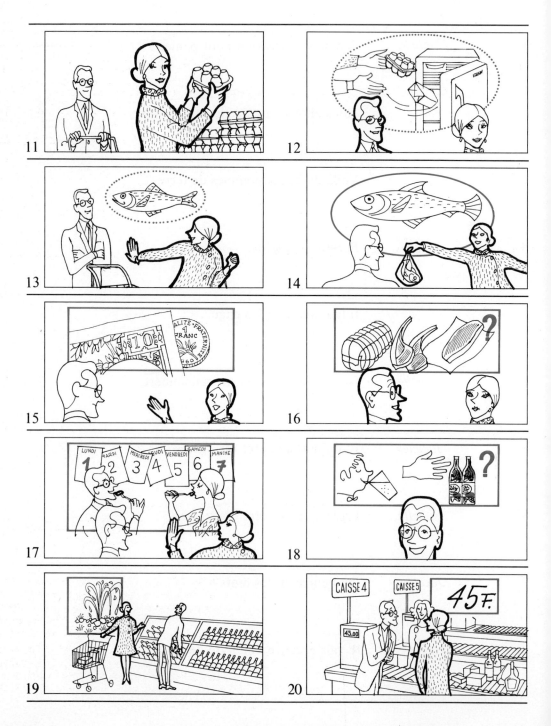

| 11 | | et 6 œufs. |
| | | siˑ-zø |

| 12 | *Jacques* | Oui, on va mettre ça dans le réfrigérateur. |
| | | ɛ |

| 13 | *Isabelle* | Attends : je vais acheter du poisson. |
| | | a ɑ̃   a   wa ɔ |

| 14 | | ... Voilà : j'ai trouvé un beau poisson, |
| | | o |

| 15 | | pour 11 francs. |

| 16 | *Jacques* | Et la viande? |
| | | jɑ̃ |

| 17 | *Isabelle* | Nous en mangeons tous les jours. |
| | | ɑ̃   ɑ̃   ɔ̃ |

| 18 | *Jacques* | Pour boire, on prend 2 litres de vin? |
| | | wa   ɛ̃ |

| 19 | *Isabelle* | Prenons aussi de l'eau minérale. |
| | | ə   o   o   a |

| 20 | | Voilà : en tout ça fait 45 francs. |

Tableaux structuraux

1

Je vais		prendre un kilo
Tu vas	en	boire un litre
Il va		manger un peu
Nous allons		écrire
Vous allez	lui	répondre
Ils vont		parler

J'		prends un kilo
Tu	en	achètes une livre
Il		mange un peu
Nous		écrivons
Vous	lui	répondez
Ils		parlent

Je viens			prendre...
Tu viens	d'	en	acheter...
Il vient			manger...
Nous venons			écrire
Vous venez	de	lui	répondre
Ils viennent			parler

2

Combien de	beurre	voulez	vous	prendre	?
		allez		acheter	
	vin			demander	

Je	voudrais	en	prendre	une demi-livre
	veux		acheter	une livre
	vais		demander	un kilo
				deux litres

3

Est-ce qu'il y a		du	pain	?
			fromage	
Y a-t-il	encore		vin	
			lait	

Non, il n'y a	pas de	pain
		fromage
	plus de	vin
		lait

Il n'y en a	pas
	plus

4

Donnez	moi	de la	viande
Achetez	lui	du	poisson
Prenez	leur	des	pommes

Oui,	je vais	vous		donner
		lui	en	acheter
Non,	je ne peux pas	leur		prendre

Il y en a encore
Il n'y en a plus

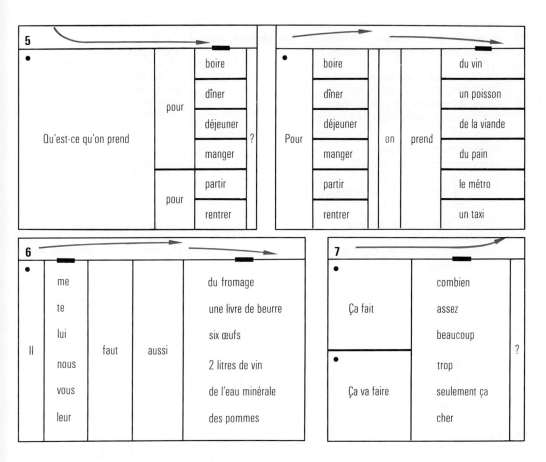

5

Qu'est-ce qu'on prend	pour	boire	?
		dîner	
		déjeuner	
		manger	
	pour	partir	
		rentrer	

Pour	boire	on	prend	du vin
	dîner			un poisson
	déjeuner			de la viande
	manger			du pain
	partir			le métro
	rentrer			un taxi

6

Il	me	faut	aussi	du fromage
	te			une livre de beurre
	lui			six œufs
	nous			2 litres de vin
	vous			de l'eau minérale
	leur			des pommes

7

Ça fait	combien	?
	assez	
	beaucoup	
Ça va faire	trop	
	seulement ça	
	cher	

Je n'écris pas maintenant, mais **je vais écrire** dans dix minutes.

Pour boire, nous prenons un litre d'eau.
Pour écrire, je prends un stylo.

acheter	manger	boire	aller
j'achète	je mange	je bois	je vais
{ vous achetez	{ vous mangez	{ vous buvez	{ vous allez
{ tu achètes	{ tu manges	{ tu bois	{ tu vas
nous achetons	nous mangeons	nous buvons	nous allons
vous achetez	vous mangez	vous buvez	vous allez
ils achètent	ils mangent	ils boivent	ils vont
achetez !	mangez !	buvez !	allez !
achète !	mange !	bois !	va !
achetons !	mangeons !	buvons !	allons !
j'ai acheté	j'ai mangé	j'ai bu	je **suis** allé

Exercices oraux ou écrits

46 **A partir de l'exemple, construisez des phrases semblables avec les éléments donnés :**	**Exemples**
a Tu prends un kilo de pommes. Nous buvons un litre de lait. Nous mangeons un peu de pain. Vous mettez beaucoup de beurre.	*Prends-en un kilo.* *Tu vas en prendre un kilo.* *Tu en prends un kilo.* *Tu viens d'en prendre un kilo.*
b Nous parlons à Jacques Vous répondez à la dactylo. Tu téléphones à Claire. Nous répondons aux professeurs.	*Parlons-lui.* *Nous lui parlons.* *Nous venons de lui parler.*
c Prendre une livre de beurre. Prendre six œufs. Demander un kilo de viande. Acheter deux fromages.	*Combien de beurre voulez-vous prendre?* *Je voudrais en prendre une livre.* *Combien de beurre allez-vous prendre?* *Je vais en prendre une livre.*
d Qu'est-ce qu'on prend pour : boire? dîner? mettre les provisions?	*Pour boire, on prend deux litres de vin.*
e Mettre : les provisions dans le panier, de l'essence dans le briquet, l'argent dans le sac, du café dans la tasse, les livres dans la serviette.	*Donne-moi ton panier, je vais y mettre les provisions.*
47 **Complétez :** Je vais acheter ... pain, ... œufs, ... viande, ... fromage, ... poisson, ... vin, ... eau, ... bière, ... lait, ... café, ... huile, ... provisions.	*Je vais acheter du pain.*
48 **Mettez à toutes les personnes :** Hier, j'ai mangé de la viande; aujourd'hui, je mange du poisson. Hier, j'ai bu du thé; aujourd'hui, je bois du café.	
49 **Voici deux conversations de quatre répliques. Retrouvez-les.** — A quelle heure vas-tu au supermarché? — Le raisin, c'est combien? — De la viande et des pommes. — 'Donnez-m'en deux kilos. — Voilà deux kilos, je les mets dans votre panier. — Qu'est-ce que tu vas acheter? — J'y vais à dix heures. — C'est 5 francs le kilo.	

Variétés

Au marché de la rue Mouffetard ou de la rue Lepic

La marchande   Allez ! 4 francs les belles tomates !

La cliente   Donnez-m'en un kilo.

La marchande   Voilà, ma petite dame. Et avec ça ?

La cliente   Avez-vous de bonnes pommes de terre ?

La marchande   Oui, j'ai des Hollande extra.

La cliente   Combien les vendez-vous ?

La marchande   1 franc 50 le kilo.

La cliente   Ce n'est pas cher. Donnez-m'en deux kilos.

La marchande   Ça nous fait 7 francs en tout.

Une autre marchande   Voilà les oranges ! les belles oranges !

La cliente   Combien valent-elles ?

La marchande   3 francs 50 le kilo.

La cliente   J'en prends un kilc

La marchande   Voilà, ma jolie.

    J'ai aussi du beau raisin, à 4 francs le kilo.

La cliente   Bon, donnez-m'en une livre.

Un camembert « bien fait »

A Paris, on aime beaucoup le « camembert ». C'est un fromage bien gras : on le fabrique avec le bon lait de Normandie.

Regardez une Parisienne acheter un camembert. Elle demande toujours : « Est-ce qu'il est « bien fait ? ». Alors l'épicier lui met le fromage sous le nez : il sent fort, donc il est « bien fait ».

Et la dame emporte son camembert. A midi, son mari va en manger un gros morceau : avec un verre de bordeaux ou de bourgogne, c'est un bon dessert.

Vacances et soleil

			Les mois de l'année
1	*Isabelle*	Quel beau temps ! ɛ o ã	janvier février mars
2	*Cécile*	Oui, il fait beau et il fait chaud. o	avril mai juin juillet
3	*Isabelle*	C'est le printemps. ɛ̃ ã	août septembre octobre novembre décembre
4	*Cécile*	C'est vrai : nous sommes en avril. ɛ ɔ ã-na	
5	*Isabelle*	L'hiver a été froid, ɛR wa	
6		mais, maintenant, le soleil fait plaisir. ɛ̃ ã ɔ ɛj e z	
7	*Cécile*	Oh ! il pleut encore quelquefois. o ø ã ɔ ɛ ə wa	
8		Tenez, hier, il a plu ə ɛR	
9		et il a fait du vent. ã	
10	*Isabelle*	Voyagerez-vous cet été ? vwa-jaʒ-Re ɛ	

| 11 | *Cécile* | Oui, je visiterai l'Autriche. |
| | | z |

| 12 | *Isabelle* | Moi, je resterai à Paris. |
| | | ɛ   e |

| 13 | *Cécile* | Pourquoi ? |
| | | wa |

| 14 | *Isabelle* | Parce que mon père arrivera d'Amérique, |
| | | a   a   a |

| 15 | | et il passera l'été et l'automne en France. |
| | | ɑ   a   o   ɔ |

| 16 | *Cécile* | Il arrivera en avion ? |
| | | ã-na-vjɔ̃ |

| 17 | *Isabelle* | Bien sûr. |

| 18 | *Cécile* | Il restera longtemps avec vous ? |
| | | ɛ   a   ɔ̃   ã   a ɛ |

| 19 | *Isabelle* | Je ne sais pas : 5 ou 6 mois. |
| | | ɛ   wa |

| 20 | | En décembre, il partira pour Chicago. |
| | | ã   a   a   a o |

Tableaux structuraux

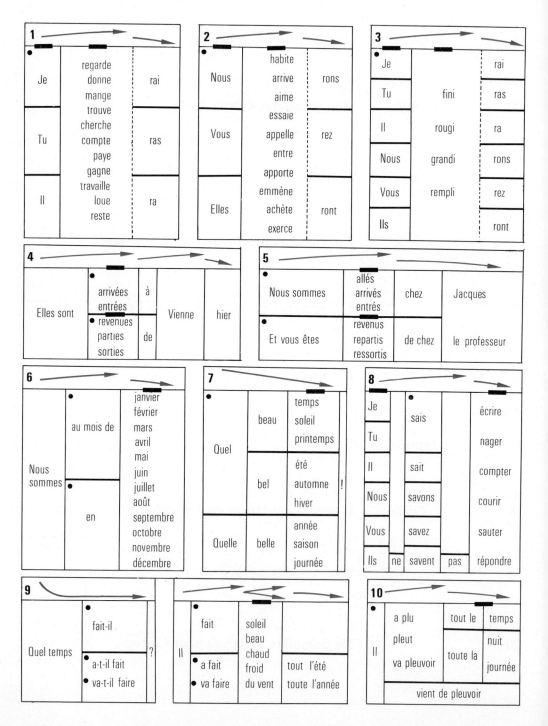

1

Je	regarde donne mange	rai
Tu	trouve cherche compte paye gagne	ras
Il	travaille loue reste	ra

2

Nous	habite arrive aime	rons
Vous	essaie appelle entre apporte	rez
Elles	emmène achète exerce	ront

3

Je		rai
Tu	fini	ras
Il	rougi	ra
Nous	grandi	rons
Vous	rempli	rez
Ils		ront

4

Elles sont	arrivées entrées revenues parties sorties	à de	Vienne	hier

5

Nous sommes	allés arrivés entrés	chez	Jacques
Et vous êtes	revenus repartis ressortis	de chez	le professeur

6

Nous sommes	au mois de en	janvier février mars avril mai juin juillet août septembre octobre novembre décembre

7

Quel	beau	temps soleil printemps	
	bel	été automne hiver	!
Quelle	belle	année saison journée	

8

Je	sais	écrire
Tu		nager
Il	sait	compter
Nous	savons	courir
Vous	savez	sauter
Ils	ne savent pas	répondre

9

Quel temps	fait-il a-t-il fait va-t-il faire	?

Il	fait a fait va faire	soleil beau chaud froid du vent	tout l'été toute l'année

10

Il	a plu pleut va pleuvoir	tout le toute la	temps nuit journée
	vient de pleuvoir		

11

Où	partiras-tu		été	
Quand	partirez-vous	cet	automne	?
Comment	voyagerez-vous		hiver	
Pourquoi	voyageras-tu	ce	printemps	

12

Je passerai		jours		toi
J'ai passé		semaines		lui
Je resterai	deux	mois	chez	
Je suis resté		ans		elle

13

L'automobiliste fait le plein			il n'a plus d'essence
Il consomme 14 l.aux 100			il a une grosse voiture
Anna met un manteau			il fait froid
Elle prend son parapluie			Parce qu' il pleut
M. Roche ne fait plus de sport	, pourquoi ?		il est vieux
Vous prenez l'escalier			il n'y a pas d'ascenseur
Il fait attention			le feu est jaune
Il passe			le feu est vert
Jean s'en va à 7 h et demie		Parce que	sa femme l'attend,
Isabelle restera à Paris cet été			son père arrivera d'Amérique

Quel beau temps ! ⟶ **Quelle** belle promenade !

Pourquoi prenez-vous votre manteau ? — **Parce qu'**il fait froid.

je visite**rai** (dans six mois)   nous visite**rons**
vous visite**rez**
tu visite**ras**   vous visite**rez**
il visite**ra**   ils visite**ront**

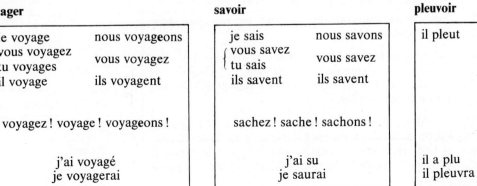

voyager

je voyage	nous voyageons
vous voyagez	vous voyagez
tu voyages	
il voyage	ils voyagent

voyagez ! voyage ! voyageons !

j'ai voyagé
je voyagerai

savoir

je sais	nous savons
vous savez	vous savez
tu sais	
ils savent	ils savent

sachez ! sache ! sachons !

j'ai su
je saurai

pleuvoir

il pleut

il a plu
il pleuvra

Exercices oraux ou écrits

		Exemples
50	**A partir de l'exemple, construisez des phrases semblables avec les éléments donnés :**	
a	Manger, payer, sauter (je, vous) Déjeuner, finir, dîner (je, tu) Appeler, sonner, parler (je, elle)	*Je mange maintenant, vous mangerez tout de suite après.*
b	Visiter, commencer, voyager (tu, je) Arriver, entrer, parler (il, elle) Ouvrir, sortir, partir (je, elle)	*Tu as visité avant, je visiterai après. (J'ai ouvert)*
c	Janvier, février, mars, avril, mai, juin, juillet, août, septembre, octobre, novembre, décembre.	*Nous sommes au mois de janvier. C'est vrai, nous sommes déjà en janvier.*
d	Le temps, le soleil, l'été, l'automne, l'hiver, le printemps, l'année, la saison, la journée.	*Quel beau temps !*
e	Nager (Claire), compter (vous), Jouer au tennis (elles), Écrire à la machine (nous).	*Claire sait nager. Claire ne sait pas nager.*
f	Faire : beau, chaud, froid, du vent. Pleuvoir.	*Quel temps fait-il? Il fait beau. Quel temps a-t-il fait? Il a fait beau. Quel temps va-t-il faire? Il va faire beau.*
g	Partir cet été (tu) Partir cet hiver (elle) Voyager ce printemps (vous) Voyager cet automne (ils)	*Où partiras-tu cet été? En Espagne. Quand partiras-tu? En juillet. Comment partiras-tu? En auto. Pourquoi partiras-tu? Parce que j'ai un mois de vacances.*
h	L'automobiliste fait le plein. Claire met son manteau. Jacques prend son parapluie. Monsieur Roche ne fait plus de sport.	*L'automobiliste fait le plein parce qu'il n'a plus d'essence.*
51	**Voici deux conversations. Mettez les répliques dans l'ordre convenable :**	

« – Non, parce qu'il ne pleut pas. – Tu mets ton manteau? – Oui, parce qu'il fait du vent. – Tu mets aussi ton chapeau? – Et tu prends ton parapluie? – Oui, parce qu'il fait froid. »

« – Alors, je prends mon imperméable. – Regarde, est-ce qu'il pleut encore? – Non, je ne le mets pas. – Oui, et il fait du vent. – Oui, tu peux le prendre et mets aussi ton chapeau. – Alors, prends ton parapluie. »

Variétés

L'avion et l'aéroport

Le voyageur	Taxi!... A Orly!
Le chauffeur	Vous avez des bagages?
Le voyageur	Oui, deux petites valises.
Le chauffeur	Bien; montez.
Le voyageur	Mon avion est à 11 heures 50; il est déjà 10 heures et demie.
Le chauffeur	Vous avez le temps. Vous avez pris votre billet?
Le voyageur	Oui, bien sûr.

....

(à l'aéroport)

Le haut-parleur	Vol 58 vers Nice, 11 heures 50, porte 34.
	(le passager monte dans l'avion)
L'hôtesse de l'air	Bonjour, monsieur. Voilà votre place. Mettez vos bagages ici.
Le voyageur	Est-ce que je peux fumer?
L'hôtesse de l'air	Non, s'il vous plaît. L'avion va décoller Attachez votre ceinture.
Le voyageur	A quelle heure arrive-t-on à Nice?
L'hôtesse de l'air	A midi 30.
Le voyageur	Est-ce que je trouverai un taxi à l'aéroport de Nice?
L'hôtesse de l'air	Oui, bien sûr.

Entre jeunes

1	*Sophie*	Allô ! Marco ? a o
2	*Marco*	Oui, c'est toi, Sophie ?
3	*Sophie*	Dis donc, je t'invite à une surprise-partie. ɔ̃ ɛ̃ z a
4	*Marco*	Où ça ?
5	*Sophie*	A la maison. mɛ-zɔ̃
6	*Marco*	Quand ? ɑ̃
7	*Sophie*	Dans huit jours, le 30 septembre. ɑ̃ ɛp ɑ̃
8		Tu as des disques ?
9	*Marco*	Oui, j'ai des disques de jazz.
10	*Sophie*	Apporte-les. a ɔ

La famille

Les grands-parents :
le grand-père
la grand-mère

Les parents :
le père
la mère

Les enfants :
le fils
la fille

Quel âge a-t-il ?
Le grand-père a 60 ans.
Le père a 35 ans.
Le fils a 12 ans.

11   On dansera
                        ɔ̃   ɑ̃   a

12   et on chantera.
                          ɔ̃   ɑ̃   a

13   *Marco*   J'amènerai Michel, il a une guitare.
                           a   e   ɛ   a

14   *Sophie*   Et Luc : il est amusant.
                                a   z

15   *Marco*   D'accord. Il y aura beaucoup de monde ?
                          a   ɔ   ɔ a   o   ɔ̃

16   *Sophie*   Ah ! oui. Nous serons trente, garçons et filles.
                          ɑ   ɑ̃

17   Patrice sera là, avec son frère, Alain,
                        a   a   a ɛ   a ɛ̃

18   et sa sœur, Odile.
                        a   œ   ɔ

19   *Marco*   Mais, tes parents, on va les gêner ?
                               e   a ɑ̃

20   *Sophie*   Non : papa et maman seront à Rouen.

Tableaux structuraux

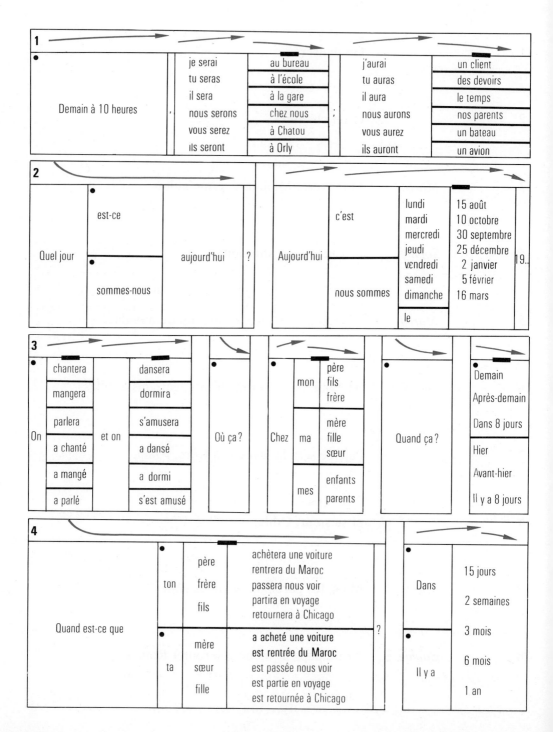

1

Demain à 10 heures		je serai	au bureau		j'aurai	un client
		tu seras	à l'école		tu auras	des devoirs
		il sera	à la gare		il aura	le temps
		nous serons	chez nous	;	nous aurons	nos parents
		vous serez	à Chatou		vous aurez	un bateau
		ils seront	à Orly		ils auront	un avion

2

Quel jour	est-ce	aujourd'hui	?	Aujourd'hui	c'est	lundi	15 août	19..
						mardi	10 octobre	
						mercredi	30 septembre	
						jeudi	25 décembre	
	sommes-nous					vendredi	2 janvier	
						samedi	5 février	
					nous sommes	dimanche	16 mars	
						le		

3

On	chantera	et on	dansera	Où ça?	Chez	mon	père	Quand ça?	Demain
	mangera		dormira				fils		Après-demain
	parlera		s'amusera				frère		Dans 8 jours
	a chanté		a dansé			ma	mère		Hier
	a mangé		a dormi				fille		Avant-hier
	a parlé		s'est amusé				sœur		Il y a 8 jours
						mes	enfants		
							parents		

4

Quand est-ce que	ton	père	achètera une voiture	?	Dans	15 jours
		frère	rentrera du Maroc			2 semaines
		fils	passera nous voir			
			partira en voyage			3 mois
			retournera à Chicago			
	ta	mère	**a acheté une voiture**		Il y a	6 mois
		sœur	**est rentrée du Maroc**			
		fille	est passée nous voir			1 an
			est partie en voyage			
			est retournée à Chicago			

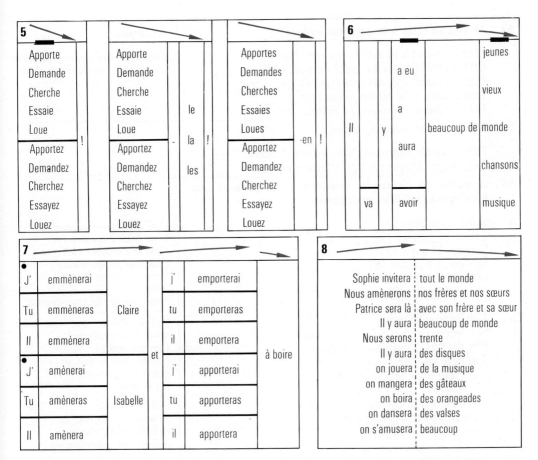

5

Apporte	Apporte	
Demande	Demande	
Cherche	Cherche	
Essaie	Essaie	le
Loue	Loue	la !
Apportez	Apportez	
Demandez	Demandez	les
Cherchez	Cherchez	
Essayez	Essayez	
Louez	Louez	

Apportes	
Demandes	
Cherches	
Essaies	
Loues	-en !
Apportez	
Demandez	
Cherchez	
Essayez	
Louez	

6

				jeunes
		a eu		
				vieux
		a		
Il	y		beaucoup de	monde
		aura		
				chansons
	va	avoir		musique

7

J'	emmènerai			j'	emporterai		
Tu	emmèneras	Claire		tu	emporteras		
Il	emmènera			il	emportera		
J'	amènerai		et	j'	apporterai		à boire
Tu	amèneras	Isabelle		tu	apporteras		
Il	amènera			il	apportera		

8

Sophie invitera	tout le monde
Nous amènerons	nos frères et nos sœurs
Patrice sera là	avec son frère et sa sœur
Il y aura	beaucoup de monde
Nous serons	trente
Il y aura	des disques
on jouera	de la musique
on mangera	des gâteaux
on boira	des orangeades
on dansera	des valses
on s'amusera	beaucoup

avoir

être

(demain)

j'**aurai**	nous **aurons**	je **serai**	nous **serons**
vous **aurez**		vous **serez**	
tu **auras**	vous **aurez**	tu **seras**	vous **serez**
il **aura**	ils **auront**	il **sera**	ils **seront**

Futur des verbes en -re :

boire : je boirai	**croire :** je croirai
dire : je dirai	**lire :** je lirai
écrire : j'écrirai	**entendre :** j'entendrai

(**attendre :** j'attendrai)

Exercices oraux ou écrits

52	**Mettez au futur à la personne indiquée :**	(1)	**Exemples**

Être au bureau et avoir un client (tu)
Être à la Sorbonne et avoir un cours (il)
Être au bureau et avoir du travail (je)
Être à Orly et avoir un avion (nous)
Être à Chatou et avoir un bateau (ils)

Demain à dix heures, tu seras au bureau et tu auras un client.

---

53 **Mettez à toutes les personnes :** (7)

J'emmènerai Marie et j'emporterai à boire.
J'amènerai Marie et j'apporterai à boire.

---

54 **A partir de l'exemple, construisez des phrases sem-** (2) **blables avec les éléments donnés :**

a Jeudi 2 octobre 197 .
Lundi 15 janvier 197 .
Samedi 27 avril 197 .
Mercredi 8 juillet 197 .
Dimanche 21 avril 197 .
Mardi 13 mai 197 .

Quel jour est-ce aujourd'hui?
C'est jeudi 2 octobre 197 .
C'est le 2 octobre 197 .
Quel jour sommes-nous?
Nous sommes jeudi 2 octobre 197 .
Nous sommes le 2 octobre 197 .

b Ton père achète une voiture/1 mois. (4)
Son frère rentre d'Asie/1 semaine.
Ton fils passe nous voir/15 jours.
Son père part en voyage/3 mois.
Ton frère est chez Sophie/8 jours.

Quand est-ce que ton père achètera une voiture?
Dans un mois.
Quand est-ce que ta mère a acheté une voiture?
Il y a un mois.

c Acheter, vendre, louer (5)
essayer, apporter, emporter

Achète! Achetez!
Achetez-le! Achetez-la!
Achetez-les! Achètes-en!
Achetez-en! Achetons-en!

d Lire la leçon (je, ils)
Attendre l'autobus (tu, nous)
Dire le prix (elle, vous)
Écrire le dialogue (nous, je)
Boire du vin (elles, ils)

J'ai lu la leçon; je la lis encore; je ne la lirai plus.
Ils ont lu la leçon; ils là lisent encore; ils ne la liront plus.

e Chanter et danser (on) (3)
Boire et manger (nous)
Parler et s'amuser (on)
Écouter des disques (nous) .

On chantera et on dansera.
Où ça?
Chez moi.
Quand ça?
Demain soir.

---

55 **A l'aide du tableau structural n° 8, composez un dialogue de six répliques.**

Thème : Vous invitez une amie (ou un ami) à venir chez vous, à une fête.

Variétés

Le retour de l'oncle Arthur

Annette	Tu sais la nouvelle?
	Notre oncle Arthur va rentrer en France.
	Nos parents ne l'ont pas vu depuis 20 ans.
Michel	Quand est-ce qu'il arrivera?
Annette	Dans trois semaines, à peu près.
Michel	On va faire une belle fête, je pense.
Annette	Oui, papa m'a dit que toute la famille sera là :
	grand-père et grand-mère,
	nos deux oncles et nos deux tantes,
	avec tous nos cousins et toutes nos cousines.
	Nous dînerons tous ensemble.
Michel	Et qu'est-ce que nous ferons, après le repas?
Annette	Nous danserons. Toi, tu apporteras tes disques.
Michel	Quand est-ce qu'elle aura lieu, notre fête?
Annette	Le 18 octobre, je crois. C'est encore la belle saison.
Michel	Le 18 octobre, c'est un vendredi, n'est-ce pas?
Annette	Non, un samedi. Comme ça,
	nous pourrons nous coucher tard.
Michel	C'est vrai : le dimanche, on ne travaille pas.
	On pourra rester un peu au lit,
	faire la « grasse matinée ».

Mlle Dupont va se marier

> Mademoiselle Irène Dupont (19 ans) épousera samedi monsieur Charles Leblanc (23 ans).
>
> Le mariage civil aura lieu à la mairie de Neuilly; le mariage religieux, à l'église Saint-Pierre. Irène ne s'appellera plus mademoiselle Dupont; elle sera madame Leblanc.

Marco va au théâtre

1	*Marco*	Hier matin, j'étais dans mon bain...
		a
2		... le téléphone a sonné.
		ɔ ɔ
3		C'était monsieur Roche.
4		Il m'invitait au théâtre.
		ɑ
5		Et nous y sommes allés le soir.
		ɔ a wa
6	*Karl*	Où ça?
7	*Marco*	A la Comédie-Française.
		ɔ z
8	*Karl*	Qu'est-ce qu'on donnait? *jouait*
		ɔ
9	*Marco*	Le *Rhinocéros* de Ionesco.
		ɔ s jɔ ɛ o
10		... Les acteurs jouaient très bien,
		a œ wɛ

Marco va au théâtre

11   et les spectateurs s'amusaient beaucoup !
          ɛ   a œ

12   *Karl*   Tu as beaucoup ri, toi aussi ?

13   *Marco*   Oh ! oui, je me suis bien amusé.

14   *Karl*   Moi, j'irai demain à l'Opéra.
                e   ɔ   a

15   *Marco*   Qu'est-ce que tu verras ?
                               ɛ

16   *Karl*   Je verrai *Faust*.
                ɛ e

17   J'adore les chœurs
          a   ɔ   k œ

18   et les ballets.
             a ɛ

19   *Marco*   Moi, j'aime mieux entendre de la musique moderne,
                     jø   ã ã   z   ɔ ɛ

20   et voir des ballets modernes.
          wa

Tableaux structuraux

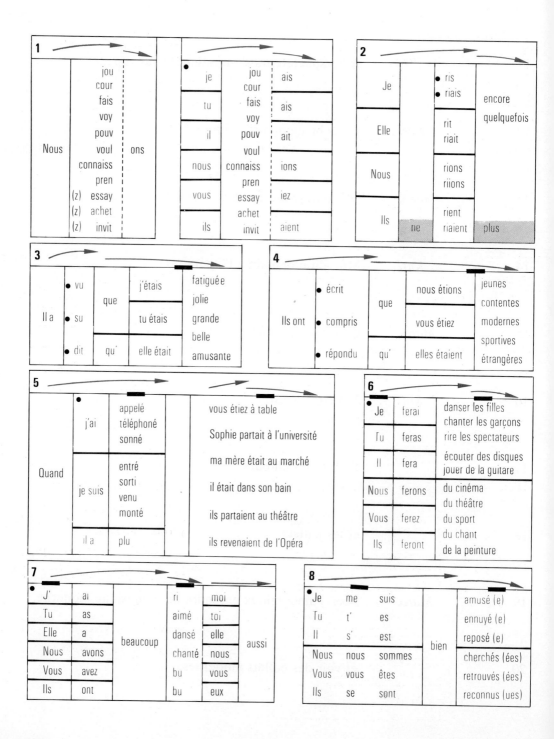

1

	jou	
	cour	
	fais	
	voy	
	pouv	
Nous	voul	ons
	connaiss	
	pren	
	(z) essay	
	(z) achet	
	(z) invit	

je	jou / cour	ais
tu	fais / voy	ais
il	pouv / voul	ait
nous	connaiss / pren	ions
vous	essay / achet	iez
ils	invit	aient

2

Je	• ris / • riais	encore
		quelquefois
Elle	rit / riait	
Nous	rions / riions	
Ils	rient	
	ne riaient	plus

3

Il a	• vu	que	j'étais	fatiguée
				jolie
	• su		tu étais	grande
				belle
	• dit	qu'	elle était	amusante

4

Ils ont	• écrit	que	nous étions	jeunes
				contentes
	• compris		vous étiez	modernes
				sportives
	• répondu	qu'	elles étaient	étrangères

5

Quand	j'ai	appelé / téléphoné / sonné	vous étiez à table
			Sophie partait à l'université
			ma mère était au marché
	je suis	entré / sorti / venu / monté	il était dans son bain
			ils partaient au théâtre
	il a	plu	ils revenaient de l'Opéra

6

Je	ferai	danser les filles
		chanter les garçons
Tu	feras	rire les spectateurs
Il	fera	écouter des disques
		jouer de la guitare
Nous	ferons	du cinéma
		du théâtre
Vous	ferez	du sport
		du chant
Ils	feront	de la peinture

7

J'	ai		ri	moi	
Tu	as		aimé	toi	
Elle	a	beaucoup	dansé	elle	aussi
Nous	avons		chanté	nous	
Vous	avez		bu	vous	
Ils	ont		bu	eux	

8

Je	me	suis		amusé (e)
Tu	t'	es		ennuyé (e)
Il	s'	est	bien	reposé (e)
Nous	nous	sommes		cherchés (ées)
Vous	vous	êtes		retrouvés (ées)
Ils	se	sont		reconnus (ues)

9

J'	• aimais			cinéma
Tu	• adorais aussi			
On	aimait	aller	au	théâtre
Elle	adorait aussi			concert
Nous	aimions			café
	adorions aussi			
			à l'	Opéra
Vous	aimiez		à la	Comédie-Française
	adoriez aussi			

je (j')			allais	
tu	et			
on			allait	
elle		y		tous les soirs
nous			allions	
vous	mais		alliez	
		n'		pas

10

• Lui, il adorait	voir	des ballets modernes un bon film une pièce amusante du beau théâtre du bon cinéma
• Elle, elle aimait mieux	entendre	de la musique moderne de la musique classique du jazz des chœurs de l'Opéra

11

J'irai	au cinéma	je verrai	Charlot
Tu iras		tu verras	
Il ira	au théâtre	il verra	Marius
Nous irons	à l'Opéra	nous verrons	Faust
Vous irez		vous verrez	
Ils iront	à la Comédie Française	ils verront	Le Cid

Hier, pendant ce temps-là, j'**étais** dans mon bain.

j'**étais**	nous **étions**
tu **étais**	vous **étiez**
il **était**	ils **étaient**

nous **buv**ons

je **buv**ais	nous **buv**ions
tu **buv**ais	vous **buv**iez
il **buv**ait	ils **buv**aient

Rire

je ris	nous rions
tu ris	vous riez
il rit	ils rient

J'ai ri	je riais je rirai

Futur des verbes en ; **-re**

mettre : je mettrai

prendre : je prendrai

comprendre : je comprendrai

répondre : je répondrai

rire : je rirai

vendre : je vendrai.

Mais **faire** : je **ferai.**

Exercices oraux ou écrits

	Exemples
56 **Mettez les verbes au présent (Nous) et à l'imparfait[1] aux personnes indiquées :**	**Exemples**
Jouer (je, vous). Écrire (tu, il). Courir (tu, vous). Faire (il, ils). Pouvoir (je, vous). Vouloir (tu, nous). Connaître (il, vous). Rire (je, vous). Essayer (nous, vous). Acheter (je, elle). Voir (tu, vous). Essuyer (nous, vous).	*Nous jouons.* *Je jouais. Vous jouiez.* *Nous écrivons.* *Tu écrivais. Ils écrivaient.*
57 **Mettez le premier verbe de chaque phrase au passé[3] composé et faites les changements voulus :**	
Il sait que je suis fatiguée. Elle voit que je suis content. Ils disent que nous sommes amusantes. J'écris que vous êtes trop jeunes. Nous savons que vous êtes sportifs. Il répond que nous sommes trop vieux. Ils comprennent qu'elles ne sont pas contentes.	*Il a su que j'étais fatiguée.*
58 **A partir de l'exemple, construisez des phrases semblables avec les éléments donnés :**	
a Mettre sa robe rose (elle). Comprendre les enfants (vous). Répondre à Michel (nous). Prendre l'avion (vous). Faire danser les filles (ils).	*Elle a mis sa robe rose;* *elle la met encore;* *elle la mettra toujours.*
b J'appelle, vous êtes au théâtre. Il téléphone, elle est[5] à la Faculté. Je rentre, ma mère est au marché. Je sonne, vous êtes à table.	*Quand j'ai appelé,* *vous étiez au théâtre.*
c Je ris beaucoup. Tu bois trop. Elle aime bien cette[7] danse. Ils chantent bien. Nous dansons souvent.	*J'ai beaucoup ri, moi aussi.*
d Aller : au cinéma (je), au théâtre (elle), à l'Opéra[9] (nous), aux ballets (ils).	*J'aimais aller au cinéma et j'y allais tous les soirs.* *Moi aussi, j'adorais aller au cinéma mais je n'y allais pas tous les soirs.*
e Aller : au cinéma voir un « Charlot » (tu), à l'Opéra[11] voir « Faust » (elle), au théâtre voir « L'Avare » (ils), à la Comédie Française voir « Le Cid » (nous).	*Tu iras au cinéma et tu verras un « Charlot ».*
59 **Dialogue entre un gros monsieur et l'employé du théâtre. Mettez les répliques dans l'ordre convenable :**	
— Pourquoi dites-vous ça? — Vous avez deux billets et vous êtes seul? — Oui, je suis gros, j'ai pris deux places. — Amusez-vous bien monsieur. — Parce que vous avez une place devant et une place derrière.	

Variétés

Jeunes et vieux

Jean (30 ans)   Qu'est-ce qu'on fait ce soir?

Pierre (18 ans)   Je n'ai plus d'argent :

je suis pauvre en ce moment.

Jean   Plus d'argent? Hier, tu étais riche, tu

avais encore 200 F, c'est une belle somme.

Pierre   Oui, mais ce matin j'ai tout envoyé

à l'Association Mondiale contre la Faim.

Jean   Tu as raison : il faut aider ceux qui

n'ont rien.

Pierre   Et puis, le théâtre, tu sais, c'était bon

pour nos parents.

Les jeunes aiment mieux le cinéma.

Jean   Oh! moi, je vais souvent à la Comédie-

Française et à l'Opéra.

Pierre   C'est bien ce que je disais : toi, tu es un vieux.

Jean   Un vieux? J'ai trente ans! Et ma femme? Elle a vingt-

neuf ans : elle est vieille?

Pierre   Tu sais : les médecins disent qu'après vingt ans, on n'est

plus jeune.

Jean   Viens courir un mille mètres avec moi, dimanche matin

au bois de Boulogne : tu verras que ça court encore bien,

un vieux comme moi.

Sylvie écrit à Éliane

1   *Sylvie*   Le facteur vient de passer.
               a   œ   ɑ

2   Il y a une lettre d'Éliane.
                      ɛ   ja

3   Elle nous invite à déjeuner chez elle mardi.
                                            a

4   *Henri*   Éliane est très gentille,
     ɛ   ij

5   mais je serai à Lille.
                   e   i l

6   Il faut lui téléphoner.
                 o   ɔ

7   *Sylvie*   Tu sais bien qu'elle n'a pas le téléphone.
            ɛ   ɔ

8   *Henri*   C'est vrai ! L'année dernière, elle l'avait,
           ɛ   a   e   ɛ   jɛ

9   maintenant, elle ne l'a plus !
              ɛ̃   ɑ̃

10   Que c'est ennuyeux !
             ɑ̃-nɥi-jø

11   *Sylvie*   Nous pouvons lui télégraphier.
                                    a-fje

12   *Henri*   Oh ! un pneu ira très vite,
                            ø   a

13   écris-lui un mot,
                               o

14   je vais tout de suite à la poste.
                              ɥi   ɔ

15   *Sylvie*   Bon ; moi, j'écris,

16   toi, prends une enveloppe et mets l'adresse.
                       ɑ̃   ɑ̃   ɔ   ɛ   a   ɛ

17   *Henri*   Hier, j'avais des timbres ; où sont-ils ?
                                 ɛ̃

18   *Sylvie*   Mais tu les tiens à la main !
                        jɛ̃   ɛ̃

19   Va vite mettre le pneu à la boîte.
                        ɛ

20   Éliane le recevra dans deux heures.
                        a

Tableaux structuraux

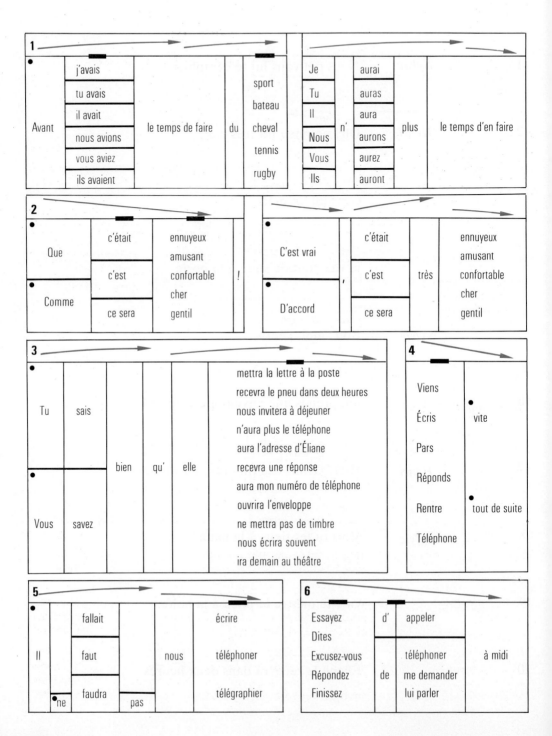

1

| Avant | j'avais / tu avais / il avait / nous avions / vous aviez / ils avaient | le temps de faire | du | sport / bateau / cheval / tennis / rugby |

| Je / Tu / Il / Nous / Vous / Ils | n' | aurai / auras / aura / aurons / aurez / auront | plus | le temps d'en faire |

2

| Que / Comme | c'était / c'est / ce sera | ennuyeux / amusant / confortable / cher / gentil | ! |

| C'est vrai / D'accord | , | c'était / c'est / ce sera | très | ennuyeux / amusant / confortable / cher / gentil |

3

| Tu sais / Vous savez | bien | qu' | elle | mettra la lettre à la poste / recevra le pneu dans deux heures / nous invitera à déjeuner / n'aura plus le téléphone / aura l'adresse d'Éliane / recevra une réponse / aura mon numéro de téléphone / ouvrira l'enveloppe / ne mettra pas de timbre / nous écrira souvent / ira demain au théâtre |

4

| Viens / Écris / Pars / Réponds / Rentre / Téléphone | • vite / • tout de suite |

5

| Il | fallait / faut / ne faudra pas | nous | écrire / téléphoner / télégraphier |

6

| Essayez / Dites / Excusez-vous / Répondez / Finissez | d' / de | appeler / téléphoner / me demander / lui parler | à midi |

Je	mets	le mot		• Je	reçois		je	viens	
Nous	mettons			Nous	recevons		nous	venons	
Ils	mettent			Ils	reçoivent	le	ils	viennent	
Je	mettais	le pneu	à la boîte	Je	recevais		je	venais	tout
Nous	mettions			Nous	recevions	et	nous	venions	de suite
Ils	mettaient			Ils	recevaient		ils	venaient	
Je	mettrai	la lettre		Je	recevrai		je	viendrai	
Nous	mettrons			Nous	la recevrons		nous	viendrons	
Ils	mettront			Ils	recevront		ils	viendront	

• L'enveloppe		est	elle	
Le papier à lettre	où	était	il	?
Les cartes postales		sont	elles	
Les timbres		étaient	ils	

•		la	tiens		
Tu		le	tenais	à la main	!
Oui, vous	les		tenez		
			teniez		

• Apprenez		téléphoner
Commencez		travailler
Cherchez	à	télégraphier
Demandez		écrire
Attendez-vous		voyager
		jouer

Je sais que Karl viendra.   **Je dis que** Karl viendra.

(nous **avons**)	j'**av**ais nous **av**ions
	tu **av**ais vous **av**iez
	il **av**ait ils **av**aient

Revision

avoir	j'ai, tu as, il a	j'ai eu
	nous avons, vous avez, ils ont	j'avais
	ayez ! aie ! ayons !	j'aurai
mettre	je mets, tu mets, il met	j'ai mis
	nous mettons, vous mettez, ils mettent	je mettais
	mettez ! mets ! mettons !	je mettrai
envoyer	j'envoie, tu envoies, il envoie	j'ai envoyé
	nous envoyons, vous envoyez, ils envoient	j'envoyais
	envoyez ! envoie ! envoyons !	j'enverrai

Exercices oraux ou écrits

		Exemples
60	**A partir de l'exemple, construisez des phrases semblables :** [1]	
a	Faire : du sport (je), du rugby (tu), du tennis (il), de la gymnastique (elle), de la peinture (nous), de la musique (vous)	*Avant, j'avais le temps de faire du sport.* *Maintenant, je n'aurai plus le temps d'en faire.*
b	Ennuyeux, amusant, gentil, beau, joli, confortable. [2]	*Que c'était ennuyeux !* *C'est vrai, c'était très ennuyeux.* *Comme ce sera ennuyeux !* *C'est vrai, ce sera très ennuyeux.*
c	Elle n'a plus le téléphone. Il a l'adresse de Cécile. Nous n'allons pas demain au théâtre. Ils ne reçoivent pas de réponse. Nous n'avons pas votre numéro de téléphone. [3]	*Tu sais bien qu'elle n'a plus le téléphone.* *Vous saviez bien qu'elle n'avait plus le téléphone.*
d	Écrire, téléphoner, télégraphier, parler [5]	*Il ne fallait pas lui écrire, il fallait m'écrire.* *Il ne faudra pas leur écrire, il faudra nous écrire.*
e	Mettre la lettre à la boîte La recevoir et venir tout de suite (Moi, toi. Lui, elle. Vous, nous. Elles, eux.) [7]	*Moi, je mettrai la lettre à la boîte.* *Toi, tu la recevras et tu viendras tout de suite me voir.*
f	Tenir : les enveloppes (vous), le pneu (tu), les lettres [8] (elles), le timbre (il), les billets (vous).	*Les enveloppes, où sont-elles ?* *Vous les tenez à la main.* *Les enveloppes, où étaient-elles ?* *Vous les teniez à la main.*
g	Apprendre à téléphoner Commencer à travailler Demander à parler [9]	*Apprends à téléphoner.* *Apprenons à téléphoner.* *Apprenez à téléphoner.*
61	**Voici deux conversations de quatre répliques. Retrouvez-les :** — Je vais écrire à Éliane. — Je cherche les timbres. — Qu'est-ce que tu vas faire? — Mais non, ils n'y sont pas, j'ai déjà regardé. — Pourquoi vas-tu lui écrire? — Qu'est-ce que tu cherches? — Ils sont dans ton sac. — Pour lui dire que nous ne pouvons pas aller chez elle demain.	

Variétés

Le nouveau facteur

La concierge	Vous connaissez le nouveau facteur?
Mme Lenoir	Non, pas encore. Il est aimable?
La concierge	Oh! oui. Hier, il m'a apporté un télégramme
	de ma fille, et il m'a demandé :
	« Ce n'est pas une mauvaise nouvelle, au moins? »
Mme Lenoir	C'était gentil, non?
La concierge	Sans doute. Mais il est bavard
	et m'a fait perdre mon temps.
	A onze heures, il était encore là!
	Je n'ai pu écrire à ma fille qu'après le déjeuner.
	Et ma lettre n'est partie qu'à la dernière levée.
Mme Lenoir	Elle est quand même arrivée le lendemain matin.
	Mais, une autre fois, montez donc chez moi :
	comme ça, vous pourrez téléphoner à votre fille.

Au téléphone

Lui	Quel est le numéro de M. Legras?
Elle	542-12-24.
Lui	Merci, ma chérie.
	(il compose le numéro)
	Allô, allô...
	Ici, Paul Lerond. Qui est à l'appareil?...
	Allô... c'est monsieur Legras?...
	Dites-moi, voudriez-vous me... Allô, allô!...
	Ça alors... il a coupé !
Elle	Parbleu! Il s'est dit : « Encore ce Lerond!
	Je raccroche ! »

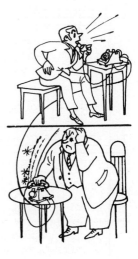

Un tour en province

| 1 | *M. Roche* | Alors, Marco, vous allez partir ? |
| | | a ɔ   a   a |

| 2 | *Marco* | Oh ! pour trois semaines seulement. |
| | | wɑ   ɛ   œ   ɑ̃ |

| 3 | | Je vais faire un tour en province. |
| | | ɔ ɛ̃ |

| 4 | *M. Roche* | Prendrez-vous votre auto ? |
| | | o |

| 5 | *Marco* | Non, elle est en réparation. |
| | | a-Rɑ-sjɔ̃ |

| 6 | *M. Roche* | Alors, vous ferez de l'auto-stop ? |
| | | ɔ |

| 7 | *Marco* | Non, Karl m'emmène avec lui. |
| | | ɑ̃ |

| 8 | *M. Roche* | Où irez-vous ? |

| 9 | *Marco* | D'abord en Bretagne, au bord de la mer. |
| | | a ɔ   ə a ɲ   o   ɔ   ɛR |

| 10 | | C'est la plus belle des provinces françaises, n'est-ce pas ? |
| | | ɛ |

Un tour en province

11	*M. Roche*	Peut-être. Elle vous plaira beaucoup.
		œ tɛ ɛ a

12	*Marco*	Y voit-on encore des costumes anciens ?
		wa ɑ̃ ɔ ɔ ɑ̃ jɛ̃

13	*M. Roche*	Oui, dans les grandes fêtes;

14		alors les Bretonnes mettent des robes brodées
		ə ɔ ɛ ɔ ɔ

15		et de jolies coiffes blanches.
		ɔ ɑ̃

16	*Marco*	Ensuite, nous passerons par les Pyrénées
		ɑ̃ ɥi ɑ a

17		... et les Alpes.
		a

18	*M. Roche*	Alors, faites attention dans la montagne !
		a-tɑ̃-sjɔ̃ ɔ̃ a ɲ

19	*Marco*	Oh ! Karl sait conduire.
		ɔ̃ ɥi

20		Mais je lui dirai de faire attention.
		e

Tableaux structuraux

1

Jean	est		content gentil beau	
		très	bon	?
Éliane	sera		contente gentille belle	
			bonne	

Oui,	c'est	le plus	content gentil beau	des	hommes
			le meilleur		
	ce sera	la plus	contente gentille belle		femmes
			la meilleure		

2

Les ballets	étaient		modernes nouveaux	
		très	bons	?
Les danses	seront		modernes nouvelles	
			bonnes	

Oui,	c'étaient	les plus	modernes nouveaux	des	ballets
			les meilleurs		
	ce seront	les plus	modernes nouvelles		danses
			les meilleures		

3

C'était	la	province robe coiffe	la plus la moins	ancienne brodée jolie
	le	costume voyage vitrail	le plus le moins	ancien ennuyeux beau

Ce seront	les	provinces robes coiffes	les plus	anciennes brodées jolies
		costumes voyages vitraux	les moins	anciens ennuyeux beaux

4

Je	croyais disais savais	que	tu	voulais partir partais pour la province allais en Bretagne passais par les Alpes faisais attention
Nous	croyions disions savions		vous	alliez à la fête cherchiez une dactylo aimiez bien ça faisiez de la musique aimiez le jazz

5

Je	lui	ai dit		un tour en province
				de l'auto-stop
		disais	de faire	un voyage en Autriche
	leur	dirai		une promenade à Chartres
				attention

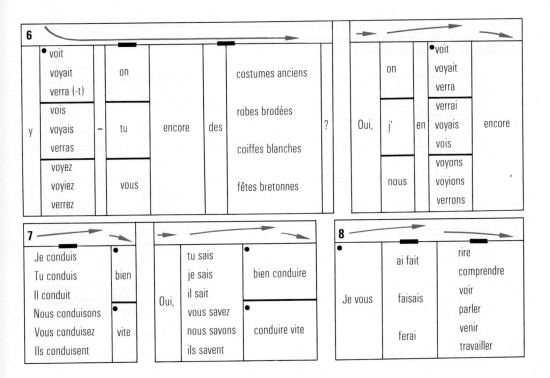

6 y voit / voyait / verra (-t) on ... vois / voyais / verras tu ... voyez / voyiez / verrez vous — encore des costumes anciens / robes brodées / coiffes blanches / fêtes bretonnes?

Oui, j' en voit / voyait / verra (on) ... verrai / voyais / vois (j') ... voyons / voyions / verrons (nous) encore.

7 Je conduis / Tu conduis / Il conduit / Nous conduisons / Vous conduisez / Ils conduisent bien, vite.

Oui, tu sais / je sais / il sait / vous savez / nous savons / ils savent bien conduire, conduire vite.

8 Je vous ai fait / faisais / ferai rire / comprendre / voir / parler / venir / travailler.

La Bretagne est **très** belle. Est-elle **la plus** belle des provinces?

Je joue avec **lui (elle)** ⟶ Je joue avec **eux (elles)**

Je lui dis **de faire** attention.

être	je suis, tu es, il est nous sommes, vous êtes, ils sont soyez! sois! soyons!	j'ai été j'étais je serai
voir	je vois, tu vois, il voit nous voyons, vous voyez, ils voient voyez! vois! voyons!	j'ai vu je voyais je verrai
dire	je dis, tu dis, il dit nous disons, vous dites, ils disent dites! dis! disons!	j'ai dit je disais je dirai

Exercices oraux ou écrits

62 **A partir de l'exemple, construisez des phrases sem-**[1] **blables avec les éléments donnés :**	**Exemples**
a Jean est content. Michel est gentil. Marco est beau. Jean est bon. Marie est jolie. Cécile est bonne. Sylvie est belle. Irène est gentille.	*Jean est content ?* *Oui, c'est le plus content* *des hommes.*
b Les ballets sont : modernes, bons, nouveaux, clas-[2] siques. Les danses sont : modernes, rapides, bonnes, nou- velles, classiques.	*C'étaient les ballets les plus* *modernes.* *Ce sont les danses les plus* *modernes.*
c Une toile plus ancienne.[3] Une robe moins brodée. Une coiffe plus petite. Un voyage moins ennuyeux.	*C'était la toile la plus* *ancienne.* *Ce sera la toile la plus* *ancienne.*
d Vouloir partir[4] Partir en province Aller au bord de la mer Aimer le jazz Conduire vite Faire de la peinture	*Je croyais que tu voulais partir.* *Tu disais que tu voulais partir.* *Il savait que tu voulais partir.* *Nous croyions que vous aimiez* *le jazz.* *Vous disiez que vous aimiez* *le jazz.* *Elles savaient que vous aimiez* *le jazz.*
e Marco fait un tour en province (je).[5] Sophie fait de l'auto stop (nous). Ils font une promenade (vous). Marco et Karl font attention (ils). Les Roche vont en Bourgogne (je).	*Je lui ai dit de faire un tour* *en province.* *Je lui dirai encore cela demain.*
f Rire (je vous). Venir (tu nous). Jouer (elles nous).[6] Danser (ils nous). Travailler (elle me).	*Je vous ai déjà fait rire.* *Je vous faisais toujours rire.* *Je vous ferai encore rire.*
g Conduire : je, nous, tu, ils.[7]	*Je conduisais bien, je savais* *bien conduire.* *Je conduisais vite, je savais* *conduire vite.*
63 **Dialogue entre deux enfants. Mettez les répliques dans** **l'ordre convenable :** A la mer : « – Oui, je sors, mais je vais revenir. – D'accord, l'eau est bonne. – Marie, sors de l'eau, maman t'appelle. – Après, nous prendrons un bain de soleil. – Oui, reviens vite, nous nagerons encore. »	

Variétés

Le Tour de France

Vous ne connaissez pas notre pays? Eh bien, suivez le Tour de France. C'est, avec les Jeux Olympiques, la plus ancienne épreuve sportive de notre temps.

La course a lieu par étapes : Paris-Lille ; Lille-Strasbourg ; Strasbourg-Lyon ; Lyon-Avignon, etc. Elle passe par de très belles provinces : l'Alsace, le Dauphiné, la Provence, le Languedoc, le pays Basque, la Gascogne, le Poitou, la Bretagne, la Normandie. Les coureurs traversent les montagnes les plus hautes : les Alpes, les Pyrénées. Pendant un mois, ils font chaque jour 200 ou 300 kilomètres. On les appelle : les *géants de la route.*

Le Tour de France est une épreuve internationale. Dans la liste des vainqueurs, on trouve des Français, des Belges, des Italiens, des Espagnols, des Luxembourgeois.

Depuis quelques années, l'Eurovision présente, chaque soir, les moments les plus importants de l'étape du jour.

La France en images

La marchande de fleurs

Le supermarché

Entre jeunes
« Une lettre, Monsieur! »

L'auto-stop

Après le voyage

1   *M. Roche*   Vous voilà rentré de voyage, Marco?
                   ã   vwa-jaʒ

2   Vous êtes content?
                   ɔ̃ ã

3   *Marco*   Oui, j'ai vu la France,

4   qui est très belle.

5   J'ai pris beaucoup de photos
                          ɔ o

6   que je vous montrerai.
                  ɔ̃ ə e

7   *M. Roche*   Vous avez eu beau temps?
                   y   o   ã

8   *Marco*   Oui. En Bretagne, il faisait un peu de vent,
                       fə-zɛ   ø   ã

9   mais nous avions du soleil,
                  jɔ̃   ɔ ɛj

10   et, à mesure que nous descendions vers le midi,
                  z   e ã jɔ̃   ɛ

Après le voyage

11   la température devenait plus chaude.

12   *M. Roche*   Aussi chaude qu'en Italie?

13   *Marco*   Non, à Rome il fait plus chaud qu'en France.

14   *M. Roche*   Au retour, qu'est-ce que vous avez visité?

15   *Marco*   Nous avons visité Avignon.

16   *M. Roche*   Vous avez vu le château des Papes?

17   *Marco*   Oui; puis nous avons visité Grenoble,

18   qui est une ville moderne.

19   Enfin, nous sommes passés par la Bourgogne.

20   J'y ai bu du bon vin!

Tableaux structuraux

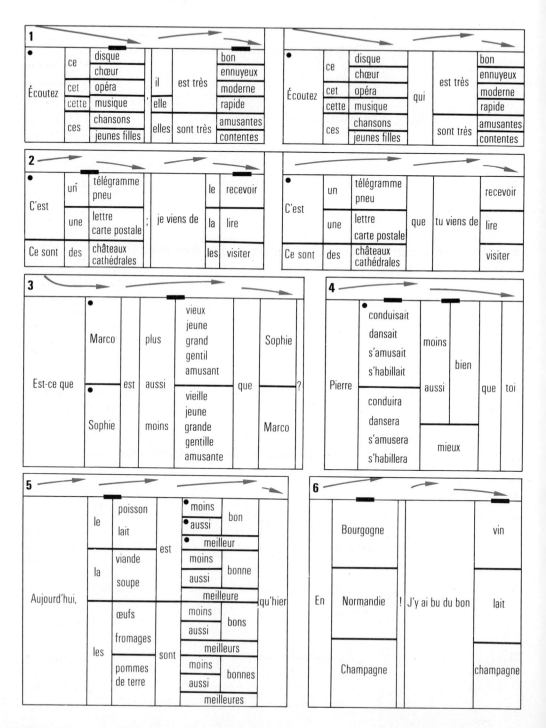

7					
A mesure que	nous descendions vers le midi	la température	devenait	plus	chaude
	la nuit descendait sur la mer				froide
	nous marchions dans la ville	la fatigue			grande
	le soleil montait dans le ciel	la soif			
	nous lisions	le livre			amusant
	le bateau avançait	la mer			belle

8				
J'ai fait un voyage magnifique	Je vous parlerai	du voyage	que	j'ai fait
			qui	a été magnifique
Je prenais des photos en couleur		des photos	que	je prenais
			qui	étaient en couleur
J'aime beaucoup les costumes brodés		des costumes	que	j'aime beaucoup
			qui	étaient brodés

J'ai pris **une** photo **qui** est belle.
J'ai pris **des** photos **qui** sont belles.

J'ai pris **une** photo **que** je vous montrerai.
J'ai pris **des** photos **que** je vous montrerai.

Jean est **plus** grand **que** Luc.

Luc est **moins** grand **que** Jean.

Pierre est **aussi** grand **que** Jean.

Mon travail est **bon**; mais le vôtre est **meilleur**.

descendre	je descends, tu descends, il descend nous descendons, vous descendez, ils descendent descendez! descends! descendons!	j'ai descendu je descendais je descendrai
boire	je bois, tu bois, il boit nous buvons, vous buvez, ils boivent buvez! bois! buvons!	j'ai bu je buvais je boirai
prendre (comprendre)	je prends, tu prends, il prend nous prenons, vous prenez, ils prennent prenez! prends! prenons!	j'ai pris je prenais je prendrai

Exercices oraux ou écrits

		Exemples
64	**A partir de l'exemple, construisez des phrases semblables avec les éléments donnés :** [1]	**Exemples**
a	Écoutez : ce bon disque, cet opéra moderne, ces chansons amusantes. Regardez : ces belles peintures, ces nouveaux dessins, ces toiles anciennes.	*Écoutez ce disque, il est très bon.* *Écoutez ce disque qui est très bon.*
b	Recevoir : un télégramme, des lettres Lire : un livre, des cartes postales Visiter : un château, une province, des villes [2]	*C'est un télégramme ; je viens de le recevoir.* *C'est un télégramme que je viens de recevoir.*
c	Plus vieux, moins gentil, plus amusant, moins ennuyeux [3]	*Est-ce que Jacques est plus vieux que Claire ?* *Oui, il est plus vieux qu'elle.* *Est-ce que Claire est plus vieille que Jacques ?* *Non, elle n'est pas plus vieille que lui.*
d	Conduire (bien +) que toi. S'habiller (bien −) qu'elle. Danser (bien −) que vous. S'amuser (bien +) qu'eux [4]	*Paul conduisait mieux que toi.*
e	La viande (bon −). Le poisson (bon +). Les fromages (bon +). Les œufs (bon −). Les pommes (bon +) [5]	*Cette semaine, la viande est moins bonne que la semaine dernière.*
f	Boire : du vin en Bourgogne, du lait en Normandie, du champagne en Champagne. [6]	*Qu'avez-vous bu en Bourgogne ?* *En Bourgogne ? j'y ai bu du bon vin.*
g	Essayer un costume à la mode Acheter un appareil photo japonais Louer un grand appartement Visiter un aéroport moderne [8]	*Le costume que j'ai essayé est à la mode.* *J'ai essayé un costume qui est à la mode.*
65	**Commencez les phrases par : « A mesure que » et mettez à l'imparfait :** Nous descendons vers le Midi, la température devient plus chaude. La nuit descend sur la mer, la température est plus froide. La nuit passe, les danses sont moins rapides.	

Variétés

Championne olympique

Le soleil brille sur la neige de Savoie.

Le ciel est aussi bleu que sur la Côte d'Azur.

Le Premier ministre est venu voir Marielle Goitschell :
il est venu la voir gagner.

Marielle prend le départ. Elle pousse de toutes ses
forces sur les bâtons. Elle va très vite. Elle passe une
porte, deux portes, dix portes, vingt portes. Plus que
sept, plus que cinq, plus que trois, deux, une. Elle ne
glisse pas : elle vole vers le but, plus rapide qu'un oiseau.
L'aiguille du chronomètre s'arrête. Marielle a fait un
meilleur temps que Nancy Greene, la Canadienne et
qu'Annie Famose, la petite championne des Pyrénées.
Ce soir, à Grenoble, elle recevra sa médaille d'or. La
foule, debout, écoutera *La Marseillaise*...

Impolitesse

Alain	Sa femme est charmante. Quel âge a-t-elle ?
Claude	Oh ! 45 ans, à peu près.
Alain	Non. Je crois qu'elle est plus vieille que ça.
Claude	Combient lui donnes-tu ?
Alain	A peu près 52 ans.
Claude	Je ne crois pas.
Alain	Va lui demander !
Claude	Penses-tu !
	Elle va me dire que je suis un insolent.

Tourisme et touristes

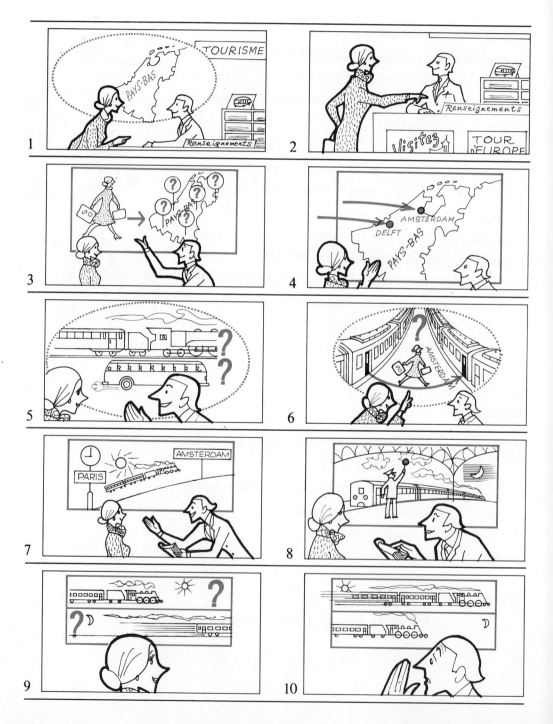

1	*La dame*	Je voudrais faire un voyage en Hollande.
	a a	ɛ v wa-jaʒ ɔ ɑ̃
2		Pouvez-vous me donner des renseignements?
		ɔ ɑ̃ ɛɲ ɑ̃
3	*L'employé*	Oui, Madame. Où voulez-vous aller?
	ɑ̃-p/wa-je	a
4	*La dame*	A Amsterdam et Delft.
		a ɛ a ɛ
5	*L'employé*	Vous voulez voyager en train ou en autocar?
		ɛ̃ a
6	*La dame*	Est-ce qu'il faudra changer de train pour Amsterdam?
		o a ɑ̃
7	*L'employé*	Non, le train de 9 heures est direct.
		ɛ
8		Il y a aussi un train qui part le soir.
		a wa
9	*La dame*	Le train le plus rapide, c'est le train du soir?
		a
10	*L'employé*	Non, c'est celui qui part le matin.
		a ɛ̃

Tourisme et touristes

11	*La dame*	Et en autocar ?

12	*L'employé*	Nous avons un tour de Hollande en six jours.

13   Nos cars sont très confortables.
$\tilde{\mathrm{o}}$ $\mathrm{\mathfrak{o}}$ a

Aujourd'hui,	8 mai
Demain,	9 mai
Hier,	7 mai

14   *La dame*   Quand partez-vous ?
a

Le 8 mai...
Le lendemain, 9 mai...
La veille, 7 mai...

15   *L'employé*   Nous quittons Paris le 3 juillet.
ʒɥi-jɛ

Il part dans 3 jours.
Il est là depuis 4 jours.

16   *La dame*   Est-ce qu'il faut un passeport ?
ɑ   ɔ

17   *L'employé*   Autrefois, il fallait un passeport,
o   ə wa   a   ɛ

18   maintenant, la police ne demande que la carte d'identité.
ɛ̃   ɑ̃   a   ɑ̃

19   *La dame*   Bien. Gardez-moi une place dans le car.
a   a

20   Je vais vous signer un chèque.
ɛ   ɲe

Tableaux structuraux

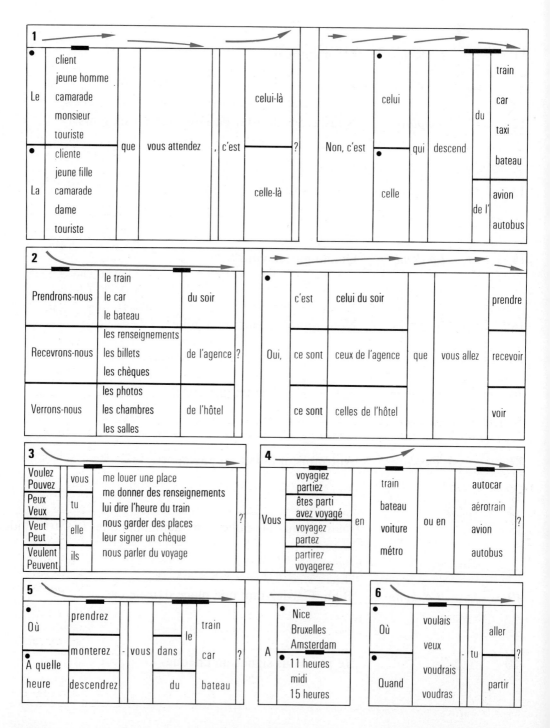

1

| Le | client / jeune homme / camarade / monsieur / touriste | que | vous attendez | , c'est | celui-là | ? |
| La | cliente / jeune fille / camarade / dame / touriste | | | | celle-là | |

| Non, c'est | celui | qui | descend | du | train / car / taxi / bateau |
| | celle | | | de l' | avion / autobus |

2

Prendrons-nous	le train / le car / le bateau	du soir	
Recevrons-nous	les renseignements / les billets / les chèques	de l'agence	?
Verrons-nous	les photos / les chambres / les salles	de l'hôtel	

Oui,	c'est	celui du soir			prendre
	ce sont	ceux de l'agence	que	vous allez	recevoir
	ce sont	celles de l'hôtel			voir

3

Voulez / Pouvez	vous	me louer une place	
Peux / Veux	tu	me donner des renseignements / lui dire l'heure du train	
Veut / Peut	elle	nous garder des places / leur signer un chèque	?
Veulent / Peuvent	ils	nous parler du voyage	

4

| Vous | voyagiez / partiez / êtes parti / avez voyagé / voyagez / partez / partirez / voyagerez | en | train / bateau / voiture / métro | ou en | autocar / aérotrain / avion / autobus | ? |

5

Où	prendrez	-vous	dans	le	train	?
	monterez				car	
À quelle heure	descendrez			du	bateau	

| A | Nice / Bruxelles / Amsterdam / 11 heures / midi / 15 heures |

6

| Où | voulais / veux | -tu | aller | ? |
| Quand | voudrais / voudras | | partir | |

198

<table>
<tr><td colspan="2">7</td></tr>
</table>

• Où		faut-il partir	
		fallait-il descendre	
• Quand		faudra-t-il changer de train	?
• Pourquoi	est-ce qu'	il	faut partir
			fallait descendre
			faudra changer de train

8

Il		fallait	le passeport
	(n')	a fallu	la carte d'identité
	•	faut	le billet
	ne	faudra que	deux places
			le permis de conduire

9

•					
Quand	est-ce que	vous	rentrez / passez / allez / retournez	à	l'hôtel ?
			êtes / sortis / revenus (partis)	de	

•					
Nous	y	rentrons / passons / allons / retournons	dans		cinq minutes
	en	sommes partis / sortis / revenus	il y a / depuis		

Ce livre-là est **celui qui** me plaît. Ce livre-là est **celui que** j'aime le mieux.
Ces photos-là sont **celles qui** me plaisent. Ces photos-là sont **celles que** j'aime le mieux.

Pourquoi dort-**il**?	(Pourquoi est-ce qu'il dort?)	— **Parce qu'**il est fatigué.
Quand partez-**vous**?	(Quand est-ce que vous partez?)	— A dix heures.
Où allez-**vous**?	(Où est-ce que vous allez?)	— En Allemagne

partir	je pars, tu pars, il part nous partons, vous partez, ils partent partez! pars! partons!	je suis parti je partais je partirai
vouloir	je veux, tu veux, il veut nous voulons, vous voulez, ils veulent veuillez! veuille! veuillons!	j'ai voulu je voulais je voudrai
pouvoir	je peux, tu peux, il peut nous pouvons, vous pouvez, ils peuvent	j'ai pu je pouvais je pourrai
falloir	il faut	il a fallu il fallait il faudra

Exercices oraux ou écrits

		Exemples
66	**A partir de l'exemple, construisez des phrases semblables avec les éléments donnés :**	
a	Le jeune homme du train La dame du taxi Le touriste du bateau Le voyageur de l'avion	*Le jeune homme que vous attendez, c'est celui-là?* *Non, c'est celui qui descend du train.*
b	Prendre le train du soir Recevoir les renseignements de l'agence Voir les chambres de l'hôtel	*Prendrons-nous le train du soir?* *Oui, c'est bien celui du soir que vous allez prendre.*
c	Me louer une place (vous) Lui donner des renseignements (vous) Leur dire l'heure du train (tu) Nous signer un chèque (ils)	*Voulez-vous me louer une place?* *Pouvez-vous me louer une place?*
d	Prendre le train à Lyon à huit heures Monter dans le car à Nice à dix heures Descendre de l'avion à Rio à seize heures Prendre l'autobus à Orléans à vingt heures	*Où prendront-ils le train?* *A Lyon.* *A quelle heure prendront-ils le train? A huit heures.*
e	Tu voulais. Elle voulait. Vous vouliez. Ils voulaient.	*Où voulais-tu aller?* *Quand voulais-tu partir?*
f	Il faut partir. Il fallait descendre. Il faudra changer de train.	*Où est-ce qu'il faut partir?* *Quand est-ce qu'il faut partir?* *Pourquoi est-ce qu'il faut partir?*
g	Il fallait le passeport. Il a fallu la carte d'identité. Il faudra le permis de conduire.	*Qu'est-ce qu'il fallait comme papiers?* *Il fallait le passeport.* *Il ne fallait que le passeport.*
67	**Répondez aux questions suivantes. Utiliser dans la réponse « en » ou « y » :** Quand est-ce que vous rentrez à l'hôtel? Quand êtes-vous sortis du métro? Quand retournez-vous à Grenoble? Quand allez-vous au Bon Marché? Quand sont-elles sorties du bureau?	*Nous y rentrons dans un quart d'heure.*
68	**Dialogue entre Jean et Jacques. Mettez les huit répliques dans l'ordre convenable :** « – Pour aller à Avignon voir le festival de théâtre. – Je viens de prendre mon billet de train. – Pourquoi? – Tu peux toujours essayer. – Oh! je trouverai bien une place. – Un billet pour aller où? – Parce qu'il y a beaucoup de monde. – Tu verras Avignon, mais pas le festival. »	

Variétés

Un petit tour en Espagne

Mme Lebreton J'ai reçu une lettre de maman cet après-midi : elle nous attend à Biarritz pour les premiers jours de septembre.

M. Lebreton Nous prendrons le train ou la voiture?

Mme Lebreton La voiture : c'est plus agréable.

M. Lebreton Je veux bien. Mais alors nous irons en deux jours : nous partirons un samedi matin et nous coucherons en route.

Mme Lebreton Où ça?

M. Lebreton Je connais un hôtel très confortable, à 10 kilomètres d'Angoulême.

Mme Lebreton Et quand arriverons-nous?

M. Lebreton Le dimanche, dans l'après-midi.

Mme Lebreton Maman va être contente : un mois avec ses enfants!

M. Lebreton Nous irons peut-être passer une semaine en Espagne?

Mme Lebreton Pourquoi pas? Nos passeports sont encore bons.

M. Lebreton Est-ce que ta mère viendra avec nous?

Mme Lebreton Bien sûr : elle aime voyager.

M. Lebreton Alors, tu lui diras de ne pas emporter trop de valises et de laisser ses trois chats à la maison. Trois personnes et trois animaux, ça fait beaucoup!

A l'hôtel

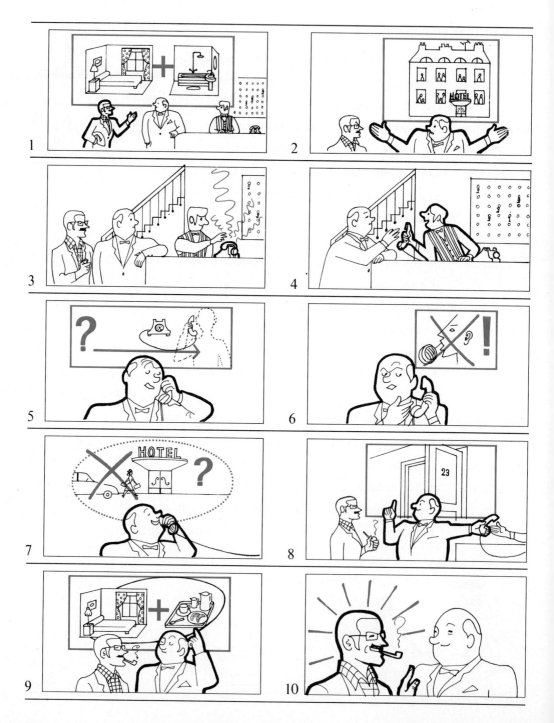

1   *Le voyageur*   Je voudrais une chambre avec salle de bains.
        vwa-ja-ʒœR

2   *Le directeur*   L'hôtel est complet, Monsieur.
         ε   œ   o ε   ɔ   ε

3   *Le téléphone sonne.*

4   *Le garçon*   Quelqu'un vous demande, Monsieur le directeur.
        a   ɔ   ε   ã

5   *Le directeur*   Allô ! Qui est à l'appareil ?
        a o   a   a ɛj

6   Allô !... Personne ne répond !...
             ε   ɔ   ɔ̃

7   Ah !... Vous n'arriverez pas ce soir, Madame ?
         ɑ   a

8   ... Monsieur, le 23 est libre.

9   Le petit déjeuner est compris avec la chambre.
                         ɔ̃

10   *Le voyageur*   Très bien.

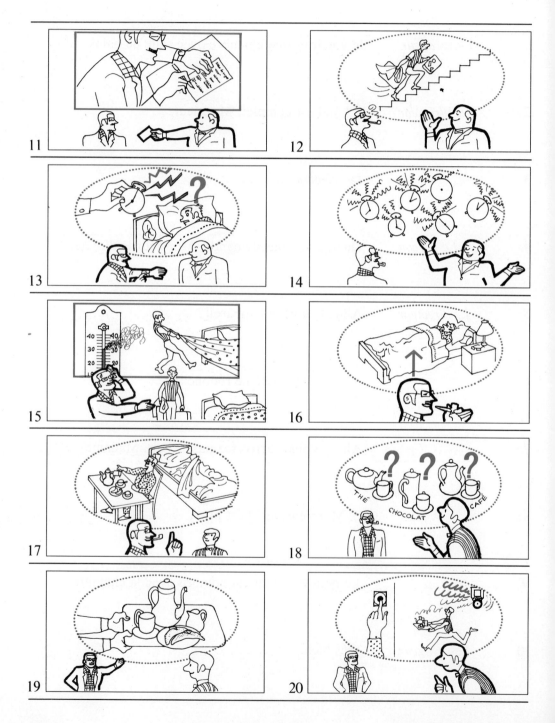

11	*Le directeur*	Voulez-vous remplir cette fiche?
		ɑ̃ ɛ

12		Le garçon va monter vos bagages.
		ɔ̃ o a a

13	*Le voyageur*	Peut-on me réveiller demain à 7 heures?
		a ve-je

| 14 | *Le directeur* | On pourra vous réveiller quand vous voudrez... |

15	*Le voyageur*	... Il fait très chaud; enlevez la couverture du lit...
		ɑ̃ ɛ

16		je dormirai seulement avec le drap.
		ɔ œ ɑ̃ a

17		Ah! demain matin, je déjeunerai dans ma chambre.
		ɛ̃ ɛ̃ e

18	*Le garçon*	Qu'est-ce que vous prendrez? Thé? Chocolat? Café?
		ɔ ɔ a

19	*Le voyageur*	Apportez-moi un café crème et des croissants.
		a ɔ a

20	*Le garçon*	Bien. Vous pourrez sonner : on viendra aussitôt.
		ɔ jɛ̃ o o

Tableaux structuraux

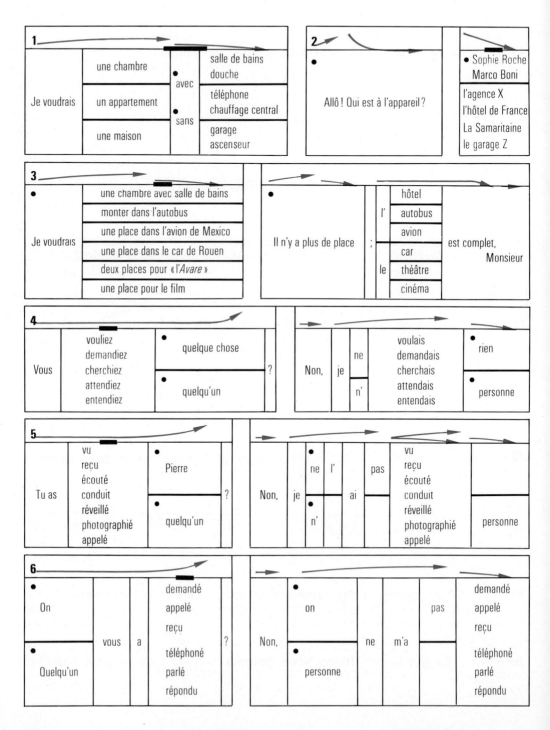

<table>
<tr><td>7</td></tr>
</table>

Le garçon va	monter	vos	bagages
	descendre		valises
	porter		sacs
	chercher		malles
	prendre		affaires

8			
Apportez	moi	un	café-crème
			café au lait
	nous	du	lait
			chocolat
Donnez	lui		croissants
	leur	des	petits pains

9				
Pourra-t-on	me	réveiller prendre recevoir conduire payer	demain à 7 heures	?
	m'	emmener attendre		

Mais	,	bien sûr sûrement certainement naturellement	, Monsieur Madame Mademoiselle	, on pourra

Quelqu'un vous appelle = **On** vous appelle.
Personne ne répond ; entendez-vous **quelqu'un** ? – Je n'entends **personne**.

Quand me réveillera-t-**on** ? – On vous réveillera **quand** vous voudrez.

dormir	je dors, tu dors, il dort nous dormons, vous dormez, ils dorment dormez ! dors ! dormons !	j'ai dormi je dormais je dormirai
répondre	je réponds, tu réponds, il répond nous répondons, vous répondez, ils répondent répondez ! réponds ! répondons !	j'ai répondu je répondais je répondrai
entendre (attendre, vendre)	j'entends, tu entends, il entend nous entendons, vous entendez, ils entendent entendez ! entends ! entendons !	j'ai entendu j'entendais j'entendrai

Exercices oraux ou écrits

		Exemples
69	**A partir de l'exemple, construisez des phrases semblables avec les éléments donnés :**	**Exemples**
a	Chambre/douche, téléphone Maison/garage, jardin Appartement/ascenseur, chauffage	*Je voudrais une chambre avec douche et téléphone.* *Je voudrais une chambre sans douche ni téléphone.*
b	Une chambre avec salle de bains Une place dans l'autobus de Rouen Une place dans l'avion d'Acapulco Deux places pour le *Rhinocéros*	*Je voudrais une chambre avec salle de bains.* *Il n'y a plus de chambre; l'hôtel est complet, mademoiselle.*
c	Entendre quelque chose (vous) Demander quelqu'un (elle) Vouloir quelque chose (tu) Attendre quelqu'un (ils)	*Vous entendiez quelque chose?* *Non, je n'entendais rien.*
d	Conduire quelqu'un (tu) Écouter Pierre (Dominique) Appeler quelqu'un (ils) Voir quelqu'un (vous)	*Tu as conduit quelqu'un?* *Non, je n'ai conduit personne.*
e	On me demande. Quelqu'un t'appelle. On le reçoit. Quelqu'un le comprend.	*On m'a demandé?* *Non, on ne vous a pas demandé.*
f	Il faut : m'apporter un café crème, lui apporter des croissants, leur donner un verre d'eau.	*Apportez-moi un café crème.*
g	Réveiller et parler Recevoir et répondre Appeler et téléphoner (Moi, toi, lui, elle, eux, elles)	*Moi, pourra-t-on me réveiller et me parler?* *Toi, ...*
70	**Mettez à l'imparfait, au passé composé et au futur :**	
	Il dort bien, il n'entend rien; il ne répond pas. Vous dormez bien, vous n'entendez rien; vous ne répondez pas.	*Il dormait bien...*
71	**Dialogue entre deux personnes. Mettez les répliques dans l'ordre convenable :**	
	« – Non, je commence demain. – Quel travail? – Pourquoi êtes-vous fatigué? – Il y a bien longtemps que vous faites ça? – Parce qu'il y a trop de travail. – Regardez ces bagages qu'il faut monter et descendre. »	

208

Variétés

Les cafés de Paris

Il y en a, des cafés, à Paris, nouveaux et anciens ! Ce sont des endroits souvent très amusants !

Le matin, entrez dans un petit « bistrot ». Et, debout à côté des ouvriers, prenez, sur le comptoir, un café-crème avec un croissant.

Après déjeuner, allez à Saint-Germain-des-Prés et prenez votre café au Flore ou aux Deux-Magots : autrefois Jean-Paul Sartre et Simone de Beauvoir y venaient souvent. Avec de la chance, vous les rencontrerez peut-être, et d'autres écrivains et artistes.

Et le soir, avant le dîner, asseyez-vous, pour l'apéritif, à la terrasse du Café de la Paix, place de l'Opéra, ou du Colisée, sur les Champs-Élysées. Vous verrez passer des femmes élégantes.

Mais, pour votre hôtel, choisissez une rue calme et demandez une chambre sur la cour : ou alors mettez du coton dans vos oreilles.

Au restaurant

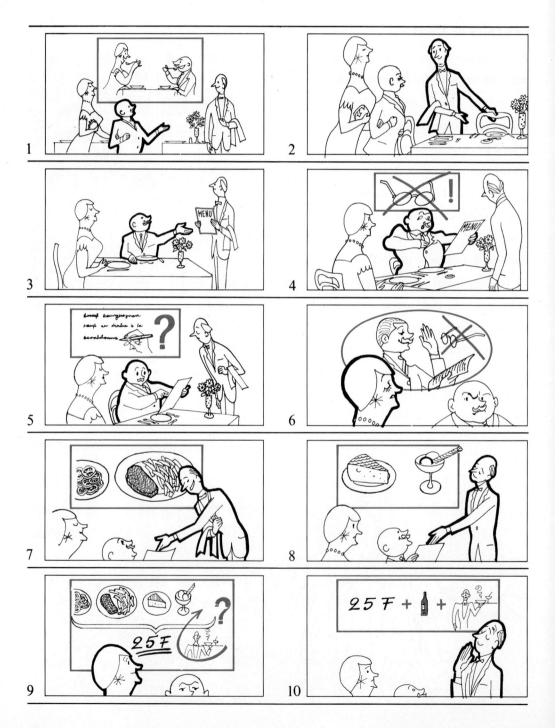

1	*Le monsieur*	Garçon, nous voulons déjeuner.
2	*Le garçon*	Bien, Monsieur ; asseyez-vous à cette table. a-se-je ɛ a
3	*Le monsieur*	Donnez-moi le menu, s'il vous plaît. ɔ
4		Oh ! je n'ai pas mes lunettes, e ɛ
5		qu'est-ce qui est écrit là ?
6	*La dame*	Quand tu étais jeune, tu lisais sans lunettes. œ z ɑ̃
7	*Le garçon*	Vous avez : une salade de tomates, un steak-frites, a a ɔ a ɛ
8		un fromage et une glace. ɔ a a
9	*La dame*	Est-ce que le service est compris ? ɛ
10	*Le garçon*	Non, Madame, le vin et le service sont en plus. ɛ̃

Au restaurant

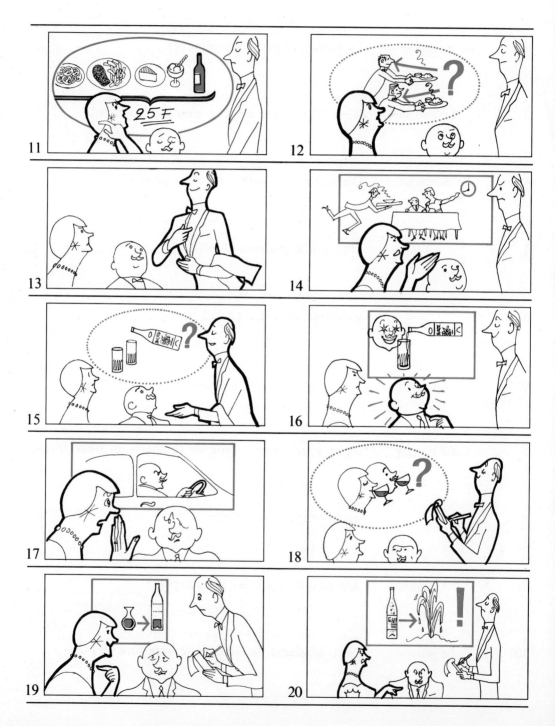

| 11 | *La dame* | L'année dernière le vin était compris. |
| | | a ε jε |

| 12 | | Qui est-ce qui va nous servir ? |
| | | ε |

| 13 | *Le garçon* | Mais moi, Madame. |

| 14 | *La dame* | Alors, servez-nous vite : nous sommes pressés. |
| | | ɔ e |

| 15 | *Le garçon* | Voulez-vous prendre l'apéritif ? |
| | | ɑ̃ a |

| 16 | *Le monsieur* | Je veux bien. |
| | | ø |

| 17 | *La dame* | Non, Hector : tu conduis ! |
| | | ε ɔ ɔ̃ ɥi |

| 18 | *Le garçon* | Vous boirez du vin ? |
| | | wa |

| 19 | *La dame* | Oui, un quart de rouge pour moi ; |
| | | a |

| 20 | | pour mon mari, de l'eau minérale. |
| | | a o a |

Tableaux structuraux

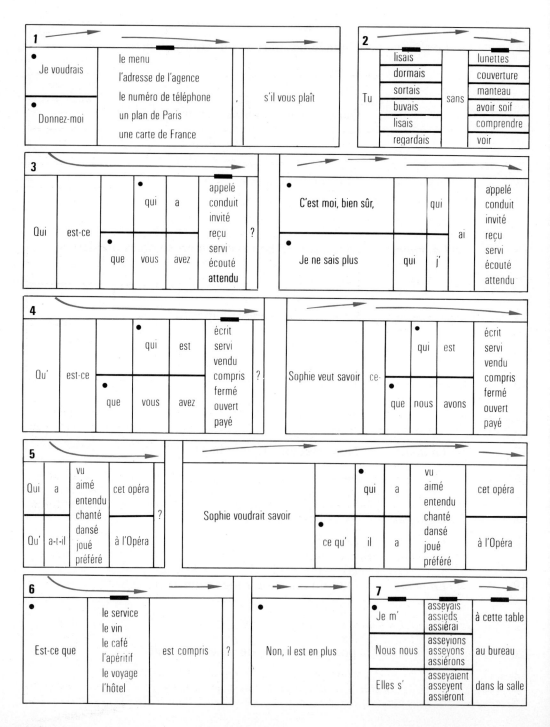

1

• Je voudrais / • Donnez-moi	le menu / l'adresse de l'agence / le numéro de téléphone / un plan de Paris / une carte de France	, s'il vous plaît

2

Tu	lisais / dormais / sortais / buvais / lisais / regardais	sans	lunettes / couverture / manteau / avoir soif / comprendre / voir

3

Qui	est-ce	• qui	a	appelé / conduit / invité / reçu / servi / écouté / **attendu**	?
		• que	vous avez		

C'est moi, bien sûr,	qui	ai	appelé / conduit / invité / reçu / servi / écouté / attendu
• Je ne sais plus	qui	j'	

4

Qu'	est-ce	• qui	est	écrit / servi / vendu / compris / fermé / ouvert / payé	?
		• que	vous avez		

Sophie veut savoir	ce-	qui	est	écrit / servi / vendu / compris / fermé / ouvert / payé
		• que	nous avons	

5

Qui	a	vu / aimé / entendu / chanté	cet opéra	?
Qu'	a-t-il	dansé / joué / préféré	à l'Opéra	

Sophie voudrait savoir	• qui	a	vu / aimé / entendu / chanté	cet opéra
	• ce qu'	il a	dansé / joué / préféré	à l'Opéra

6

• Est-ce que	le service / le vin / le café / l'apéritif / le voyage / l'hôtel	est compris	?

• Non, il est en plus

7

Je m'	asseyais / assieds / assiérai	à cette table
Nous nous	asseyions / asseyons / assiérons	au bureau
Elles s'	asseyaient / asseyent / assiéront	dans la salle

8

Servez / Apportez	nous / moi / leur / lui	un	steak-frites / poisson / fromage / café	avec	de la salade / du vin blanc / du vin rouge / un cognac	mais sans	salade / vin blanc / vin rouge / cognac

9

Qui	est-ce
Qu'est-ce que	c'était
Qu'est-ce qu'il	voulait / faisait / avait
Est-ce que c'est	complet / libre / bon

?

Je ne sais pas	qui c'est / ce que c'était
Je voudrais savoir	ce qu'il voulait / faisait / avait
Je me demande	si c'est complet / libre / bon

10

Tiens	lis / regarde / mange / bois
Tenez	lisez / regardez / mangez / buvez

Qui est-ce **qui** vient? – C'est Jean. ⟶ **Qui** est-ce **que** je vois? – Mme Durand.
Qu'est-ce **qui** t'arrive? – Un accident. ⟶ **Qu'**est-ce **que** vous voulez? – De l'eau.

---

conduire	je conduis, tu conduis, il conduit nous conduisons, vous conduisez, ils conduisent conduisez! conduis! conduisons!	j'ai conduit je conduisais je conduirai
écrire	j'écris, tu écris, il écrit nous écrivons, vous écrivez, ils écrivent écrivez! écris! écrivons!	j'ai écrit j'écrivais j'écrirai
lire	je lis, tu lis, il lit nous lisons, vous lisez, ils lisent lisez! lis! lisons!	j'ai lu je lisais je lirai
servir	(*comme* dormir) je dors, je sers - nous dormons, nous servons - j'ai dormi, j'ai servi - je dormais, je servais - je dormirai, je servirai.	

Exercices oraux ou écrits

72	**A partir de l'exemple, construisez des phrases semblables avec les éléments donnés :**	**Exemples**
a	Il faut : me donner le menu, lui montrer les billets, nous servir la viande, leur apporter les légumes.	*Donnez-moi le menu, s'il vous plaît.*
b	C'est moi qui ai appelé. C'est toi qui as conduit. Je ne sais plus qui il a invité. Ils ne savent plus qui ils ont servi.	*Qui est-ce qui a appelé?*
c	Qu'est-ce qui est écrit? Qu'est-ce que vous avez payé? Qu'est-ce que tu as pris? Qu'est-ce qui est vendu?	*Philippe veut savoir ce qui est écrit.*
d	Qui a vu cet opéra? Qu'a-t-il aimé à l'Opéra? Qui a chanté cet opéra? Qu'a-t-il dansé à l'opéra?	*Cécile veut savoir qui a vu cet opéra.*
e	Le service, le vin, l'apéritif, le voyage, l'hôtel	*Est-ce que le service est compris? Le service est-il compris? Non, il est en plus.*
f	Qui est-ce? Qu'est-ce que c'était? Qu'est-ce qu'elles mangeaient? Qu'est-ce qu'ils faisaient? Qu'est-ce qu'elle a bu? Est-ce que c'est fini?	*Je ne sais pas qui c'est. Je voudrais savoir qui c'est. Je me demande qui c'est.*

73 Mettez à toutes les personnes :

Je servirai le repas; je vais le servir; je le sers; je viens de le servir; je l'ai servi; je le servais.
J'écrirai l'exercice; je vais l'écrire; je l'écris; je viens de l'écrire; je l'ai écrit; je l'écrivais.
Je lirai le livre; je vais le lire; je le lis; je viens de le lire; je l'ai lu; je le lisais.

74 Dialogue entre le garçon et le client. Mettez les répliques dans l'ordre convenable :

« – Ce que vous voulez, mais vite, j'ai très faim. – Je vous apporte une demi-bouteille de vin blanc? – C'est ça, le plus gros que vous avez. – Alors, un bon poisson pour commencer? – Non, non, apportez m'en une bouteille, j'ai aussi très soif. – Qu'est-ce que vous prendrez, monsieur? »

Variétés

Descendons dans un « routier »

Dimanche dernier, ma femme et moi, nous avons pris la voiture : nous voulions déjeuner à la campagne.

A midi, mon guide Michelin sous le bras, je m'arrête devant un restaurant deux étoiles : « Complet », nous crie le garçon. Nous faisons encore quelques kilomètres : tous les restaurants du Michelin sont pleins.

— « Qu'est-ce que nous allons faire ? » demande Louise.

— Descendre dans un « routier ».

— Un « routier » ?

— C'est là que mangent les chauffeurs de la route, les conducteurs de poids lourds. Le menu est simple, mais très bon. »

Ma femme, qui commence à avoir faim, me suit. Mais elle n'est pas tranquille : qui est-ce qu'on va rencontrer là-dedans ? Elle n'a pas peur longtemps : le patron est aimable, les plats sont bien servis et le vin est bon.

Au dessert, Louise m'a dit : « On est bien, dans ces « routiers ». On y reviendra dimanche prochain. Tu pourras laisser ton guide à la maison.

J'ai répondu : « Non, je le garde dans la voiture, comme ça je l'ai toujours sous la main. »

L'Université

1   *M. Roche*   Eh bien, Marco, vous êtes inscrit à l'Université?
           e   ɛ̃   ɛ

2   *Marco*   Oui, Monsieur, depuis le 2 novembre.
                              ɥi   ɔ   ɑ̃

3   *M. Roche*   Vous avez commencé à suivre les cours?
                             ɔ   ɑ̃   ɥi

4   *Marco*   Oui, depuis quinze jours.

5   *M. Roche*   En quoi êtes-vous inscrit?
                      wa

6   *Marco*   En physique
                     z

7   et en mathématiques.
         a   a

8   *M. Roche*   Tout cela est très intéressant.
           a   ɛ̃   e   ɑ̃

9   *Marco*   Je voudrais suivre tous les cours de l'Université,

10   ceux de littérature et ceux de sciences.
     ø   a   ɑ̃

26

11   *M. Roche*   Je sais que vous lisez beaucoup ;
                                      z

12   mais celui qui veut tout apprendre en même temps
                                ø   a   ɑ

13   n'apprend rien.
                               jɛ

14   Il faut choisir.
                             z

15   Et vos camarades, ils font beaucoup de politique ?
                       o   a a   o   ɔ

16   *Marco*   Oh ! oui, meetings...

17   ... manifestations dans la rue...
                      a   ɛ   ɑ-sjɔ̃

18   *M. Roche*   Je sais que les jeunes aiment la liberté.
                                 œ   ɛ   ɛ

19   *Marco*   Oui, mais il faut aussi travailler...
                                  a-va-je

20   Et j'ai besoin de mes diplômes en juin.
                       ə-zwɛ̃   o   ʒɥɛ̃

Tableaux structuraux

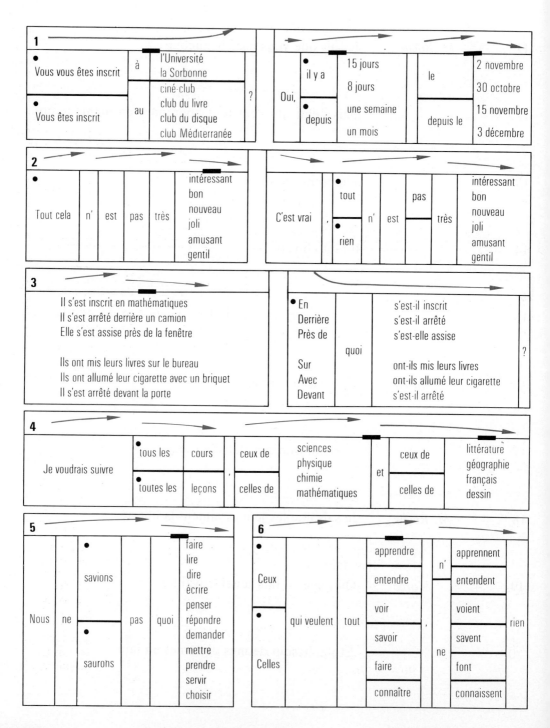

1

Vous vous êtes inscrit	à	l'Université / la Sorbonne		
Vous êtes inscrit	au	ciné-club / club du livre / club du disque / club Méditerranée		?

Oui,	il y a	15 jours / 8 jours	le	2 novembre / 30 octobre
	depuis	une semaine / un mois	depuis le	15 novembre / 3 décembre

2

Tout cela	n'	est	pas	très	intéressant / bon / nouveau / joli / amusant / gentil

C'est vrai	,	tout / rien	n'	est	pas	très	intéressant / bon / nouveau / joli / amusant / gentil

3

Il s'est inscrit en mathématiques
Il s'est arrêté derrière un camion
Elle s'est assise près de la fenêtre

Ils ont mis leurs livres sur le bureau
Ils ont allumé leur cigarette avec un briquet
Il s'est arrêté devant la porte

En / Derrière / Près de	quoi	s'est-il inscrit / s'est-il arrêté / s'est-elle assise	
Sur / Avec / Devant		ont-ils mis leurs livres / ont-ils allumé leur cigarette / s'est-il arrêté	?

4

Je voudrais suivre	tous les / toutes les	cours / leçons	ceux de / celles de	sciences physique chimie mathématiques	et	ceux de / celles de	littérature géographie français dessin

5

Nous	ne	savions / saurons	pas	quoi	faire / lire / dire / écrire / penser / répondre / demander / mettre / prendre / servir / choisir

6

Ceux / Celles	qui veulent	tout	apprendre / entendre / voir / savoir / faire / connaître	n' / ne	apprennent / entendent / voient / savent / font / connaissent	rien

7

| On | verra / comprendra / saura / servira / mangera / vendra | • tout | ? |
| | apprendra / apportera / achètera / entendra | • encore | quelque chose |

| Non | on | ne | verra / comprendra / saura / servira / mangera / vendra | • pas | tout |
| | | n' | apprendra / apportera / achètera / entendra | • plus | rien |

8

J'ai besoin de	mes diplômes	en juin
Je dis qu'il me faut	mes papiers	
Je sais qu'il me faut	mes livres	
	mon passeport	
	ma carte d'identité	
	mon permis de conduire	

9

| Ils | • parlent | de | la liberté / leur salaire / la politique |
| | • pensent | à | leurs vacances / la musique / la peinture |

A qui parlez-vous ? — A Marco.

De quoi parlez-vous ? — De littérature.

Voyez-vous **quelque chose** ? — Non, je **ne** vois **rien**.

faire	je fais, tu fais, il fait nous faisons, vous faites, ils font faites ! fais ! faisons !	j'ai fait je faisais je ferai
savoir	je sais, tu sais, il sait nous savons, vous savez, ils savent sachez ! sache ! sachons !	j'ai su je savais je saurai
suivre	je suis, tu suis, il suit nous suivons, vous suivez, ils suivent suivez ! suis ! suivons !	j'ai suivi je suivais je suivrai

inscrire (*comme* écrire)

Exercices oraux ou écrits

75 **A partir de l'exemple, construisez des phrases semblables avec les éléments donnés :**	**Exemples**
a S'inscrire/être inscrit : à l'Université/15 jours/2 octobre au ciné club/1 mois/3 mars au club du disque/1 semaine/4 avril à la Sorbonne/3 semaines/4 novembre	*Vous vous êtes inscrit à l'Université?* *Oui, il y a quinze jours, le 2 octobre.* *Vous êtes inscrit à l'Université?* *Oui, depuis quinze jours, depuis le 2 octobre.*
b Intéressant, amusant, nouveau, certain	*Tout cela n'est pas très intéressant.* *C'est vrai, tout n'est pas très intéressant.* *Et même, rien n'est très intéressant.*
c Il s'est inscrit en histoire. Elle s'est assise près de la fenêtre. Il s'est assis sur un banc. Nous avons payé avec un chèque.	*En quoi s'est-il inscrit?*
d Suivre les cours : d'histoire et de géographie de physique et de chimie de dessin et de chant	*Je voudrais suivre tous les cours, ceux d'histoire et ceux de géographie.* *Je voudrais suivre toutes les leçons, celles d'histoire et celles de géographie.*
e Faire (nous), dire (ils), répondre (tu), penser (tu)	*Nous ne savions pas quoi faire.* *Nous ne saurons pas quoi faire.*
f Apprendre, connaître, savoir, faire	*Ceux qui veulent tout apprendre n'apprennent rien.* *Celles qui veulent tout apprendre n'apprennent rien.*
g Savoir (on), vendre (vous), apprendre (tu), acheter (ils)	*On saura tout?* *Non, on ne saura pas tout.* *On saura encore quelque chose?* *Non, on ne saura plus rien.*
76 **Mettez à toutes les personnes :** Je ferai ce travail; je vais le faire; je le fais; je viens de le faire; je l'ai fait; je le faisais. Je saurais tout; je vais tout savoir; je sais tout; j'ai tout su; je savais tout. Je suivrai le cours; je vais le suivre; je le suis; j'ai suivi; je le suivais.	

Variétés

A la Sorbonne, en 1968

Mon père, qui est professeur dans un lycée, a fait ses
études à la Sorbonne. Il y a passé sa licence et ses autres
diplômes. Il m'a souvent décrit ses cours : quelques-uns
étaient intéressants, utiles; d'autres ne lui apprenaient
rien.

Un après-midi de mai 1968, pendant la grève[1] de l'Université, il a voulu revoir la Sorbonne. Nous sommes
entrés par la rue des Écoles. Comme tout était différent
d'autrefois! La cour était pleine de gens qui ne venaient
pas là pour apprendre quelque chose, mais pour voir un
spectacle. Des étudiants à longs cheveux leur vendaient
des journaux ou discutaient avec eux. Mon père, qui est
un peu myope, ne reconnaissait pas bien les portraits qui
étaient sur les murs : Lénine, Mao, Che Guevara. Mais il
a souri, quand il a vu, dans les bras des statues de Pasteur
et de Victor Hugo, des bouquets de fleurs rouges. Il m'a
dit : « Ils ont raison, ces jeunes, de fleurir les poètes et les
savants. »

Les universités de Paris

Il y a, à Paris et près de Paris, une douzaine d'universités.
Les plus connues sont à Paris : la Sorbonne et la Faculté
des Sciences; et, près de Paris, l'Université de Vincennes
et celle de Nanterre. Les centres hospitaliers universitaires
(C. H. U.) forment les futurs médecins.

---

1. Il peut y avoir aussi des grèves de l'électricité, des chemins de fer,
des postes.

La santé

1	*André*	Alors, mon vieux, comment ça va,
	jɛ	jø ɔ ɑ̃

2		après votre terrible accident ?
	a	ɛ aksi-dɑ̃

3	*Michel*	Ça va mieux, merci.
		jø

4		J'ai encore mal,
	ɑ̃ ɔ a	

5		mais je ne suis pas mort;
	ɔ	

6		c'est bon de vivre !

7		L'ambulance m'a conduit tout de suite à l'hôpital.
	ɑ̃ ɑ̃ ɥi ɔ a	

8	*André*	Vous avez perdu beaucoup de sang ?
	ɛ ɑ̃	

9	*Michel*	A peu près un litre.
	a œ	

10	*André*	Est-ce qu'on vous a fait une opération ?
	ɔ asjɔ̃	

La santé

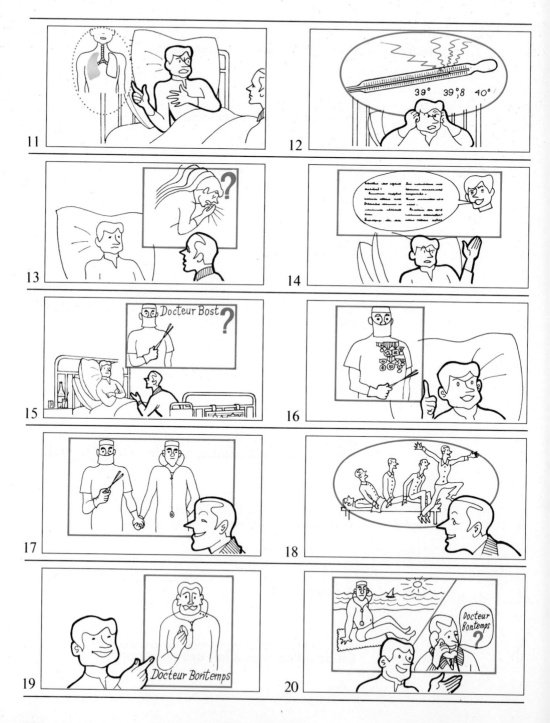

27

11   *Michel*   Oui, au poumon droit.
                  o   ɔ̃   wa

12   J'avais beaucoup de fièvre.
                                   jɛ

13   *André*   Vous toussez?

14   *Michel*   Oui, si je parle trop.
                    a   o

15   *André*   Le chirurgien qui vous soigne, c'est le docteur Bost?
                  jɛ̃   wa ɲ   ɔ œ ɔ

16   *Michel*   Oui; c'est un très bon chirurgien.

17   *André*   Je connais son frère, qui est médecin.
                  ɔ   ɛ̃

18   Il m'a guéri d'une grave maladie.
                      a   a a

19   *Michel*   Le mien aussi est bien. C'est le docteur Bontemps.
                  jɛ̃   ɔ̃ ɑ̃

20   Appelez-le si le vôtre est en vacances.
         a   o   ɑ̃   a ɑ̃

Tableaux structuraux

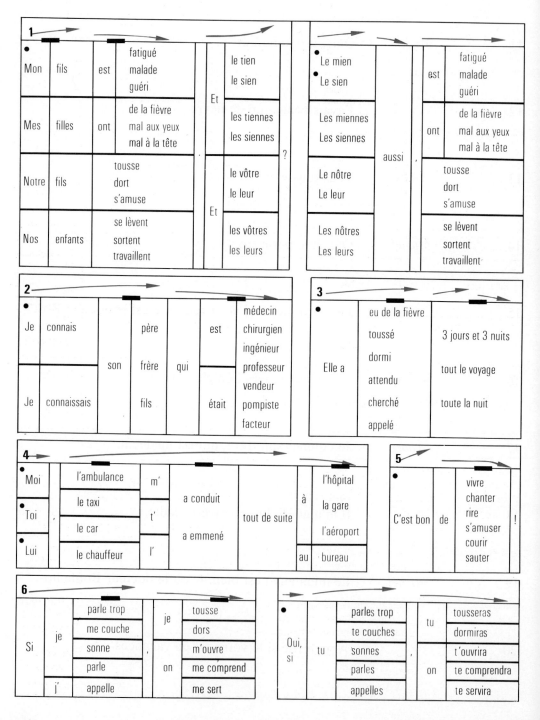

1

Mon	fils	est	fatigué / malade / guéri	Et	le tien / le sien	?
Mes	filles	ont	de la fièvre / mal aux yeux / mal à la tête		les tiennes / les siennes	
Notre	fils		tousse / dort / s'amuse	Et	le vôtre / le leur	
Nos	enfants		se lèvent / sortent / travaillent		les vôtres / les leurs	

Le mien / Le sien	est	fatigué / malade / guéri
Les miennes / Les siennes	ont	de la fièvre / mal aux yeux / mal à la tête
Le nôtre / Le leur	aussi ,	tousse / dort / s'amuse
Les nôtres / Les leurs		se lèvent / sortent / travaillent

2

Je	connais		père	qui	est	médecin / chirurgien / ingénieur / professeur / vendeur / pompiste / facteur
		son	frère			
Je	connaissais		fils		était	

3

| Elle a | eu de la fièvre / toussé / dormi / attendu / cherché / appelé | 3 jours et 3 nuits / tout le voyage / toute la nuit |

4

Moi	l'ambulance	m'	a conduit	tout de suite	à	l'hôpital / la gare / l'aéroport
Toi	, le taxi	t'				
	le car		a emmené		au	bureau
Lui	le chauffeur	l'				

5

| C'est bon | de | vivre / chanter / rire / s'amuser / courir / sauter | ! |

6

| Si | je | parle trop / me couche / sonne / parle | , je / on | tousse / dors / m'ouvre / me comprend |
| | j' | appelle | | me sert |

| Oui, si | tu | parles trop / te couches / sonnes / parles | , tu / on | tousseras / dormiras / t'ouvrira / te comprendra |
| | | appelles | | te servira |

230

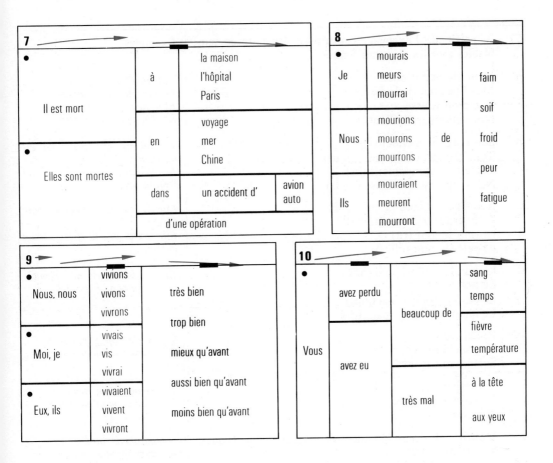

7

• Il est mort	à	la maison / l'hôpital / Paris	
	en	voyage / mer / Chine	
• Elles sont mortes	dans	un accident d'	avion / auto
	d'une opération		

8

• Je	mourais / meurs / mourrai		faim / soif
Nous	mourions / mourons / mourrons	de	froid / peur
Ils	mouraient / meurent / mourront		fatigue

9

• Nous, nous	vivions / vivons / vivrons	très bien / trop bien
• Moi, je	vivais / vis / vivrai	mieux qu'avant / aussi bien qu'avant
• Eux, ils	vivaient / vivent / vivront	moins bien qu'avant

10

• Vous	avez perdu	beaucoup de	sang / temps / fièvre / température
	avez eu	très mal	à la tête / aux yeux

Ton (votre) médecin est bien. ⟶ **Le mien** aussi est bien.
Ta télévision marche mal. ⟶ **La mienne** aussi marche mal.
Chers amis, **votre** voiture est confortable. **La nôtre** aussi est confortable.
Le **mien**, le **tien**, le **sien**
Le **nôtre**, le **vôtre**, le **leur**

Attention ! **si** tu fumes, tu vas tousser.

perdre	je perds, tu perds, il perd nous perdons, vous perdez, ils perdent perdez ! perds ! perdons !	j'ai perdu je perdais je perdrai
mourir	je meurs, tu meurs, il meurt nous mourons, vous mourez, ils meurent mourez ! meurs ! mourons !	je suis mort je mourais je mourrai
vivre	je vis, tu vis, il vit nous vivons, vous vivez, ils vivent vivez ! vis ! vivons !	j'ai vécu je vivais je vivrai

Exercices oraux ou écrits

77 **A partir de l'exemple, construisez des phrases semblables avec les éléments donnés :**	**Exemples**
a Mon fils est fatigué. Mes filles ont de la fièvre. Notre fils tousse. Nos enfants travaillent.	*Et le tien?* *Le mien aussi est fatigué.* *Et le sien?* *Le sien aussi est fatigué.*
b Son père est médecin (je). Ton frère est chirurgien (nous). Votre fils est ingénieur (ils). Notre fille est vendeuse (vous).	*Je connais son père qui est médecin.* *Je connaissais son père qui était médecin.*
c Avoir de la fièvre la nuit (elle) Tousser toute la semaine (il) Dormir le jour (tu) Appeler la nuit (elles)	*Elle a eu de la fièvre toute la nuit.* *Elle aura de la fièvre toute la nuit.*
d L'ambulance/l'hôpital (moi) Le taxi/la gare (lui) Le car/l'aéroport (Jacques) Le chauffeur/le bureau (toi)	*Moi, l'ambulance m'a conduit tout de suite à l'hôpital.*
e Parler trop/tousser Se coucher/dormir Sortir/avoir froid Sonner/ouvrir Parler/comprendre Appeler/servir	*Si je parle trop, je tousse.* *Si je parle trop, je tousserai.* *Si je sonne, on m'ouvre.* *Si je sonne, on m'ouvrira.*
f Mourir : de faim (je), de soif (tu), de froid (vous), de fatigue (elles)	*Je mourais de faim.* *Je meurs de faim.* *Je mourrai de faim.*

78 Mettez aux trois personnes du singulier :

Je vivrai mieux; je vis bien; j'ai mal vécu; je vivais moins bien.

79 Mettez aux trois personnes du pluriel :

Nous perdrons beaucoup de sang; nous perdons beaucoup de temps; nous avons perdu beaucoup d'argent; nous perdions souvent au tennis.

80 Composez un dialogue.

Thème : Votre mère est malade; vous téléphonez au médecin. Utilisez les expressions : avoir mal à la tête, être couché, avoir de la fièvre, tousser, il ne faut rien manger, il faut rester couché, passer dans la soirée, depuis quand?...

Variétés

Une consultation médicale

M. Topart	Ça ne va pas, docteur. Je ne mange plus.
	je tousse, je ne dors pas bien.
Dr Manet	Où avez-vous mal?
M. Topart	Oh! partout, docteur.
	C'est grave, n'est-ce pas?
Dr Manet	Mais non, je vais vous soigner. Et si vous m'écoutez,
	je vous guérirai, vous vivrez longtemps.
M. Topart	Oh! merci, docteur.
Dr Manet	Voyons les poumons. Respirez fort.
	Bon, vous toussez parce que vous fumez trop.
M. Topart	Tenez, docteur, je vous donne mes cigarettes.
Dr Manet	Merci, j'aime mieux les miennes...
	Voyons le foie, maintenant...
	Le vôtre est trop gros.
	Vous buvez de l'alcool, je pense?
M. Topart	Un petit verre de cognac après les repas.
	Mais je n'en boirai plus.
Dr Manet	Et le cœur, est-ce qu'il vous fait mal?
M. Topart	Si je monte un escalier trop vite, oui.
Dr Manet	Ce n'est pas grave : vous mourrez très vieux,
	si vous faites attention.
M. Topart	Alors je ne suis pas en danger?
	Vous n'allez pas m'envoyer chez le chirurgien,
	pour une opération?
Dr Manet	Non, pas encore.
	Des médicaments et quelques piqûres suffiront.
M. Topart	Oh! des piqûres, ce n'est pas agréable.
Dr Manet	Je connais une infirmière
	qui ne vous fera pas mal.

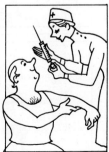

Amour et cinéma

28

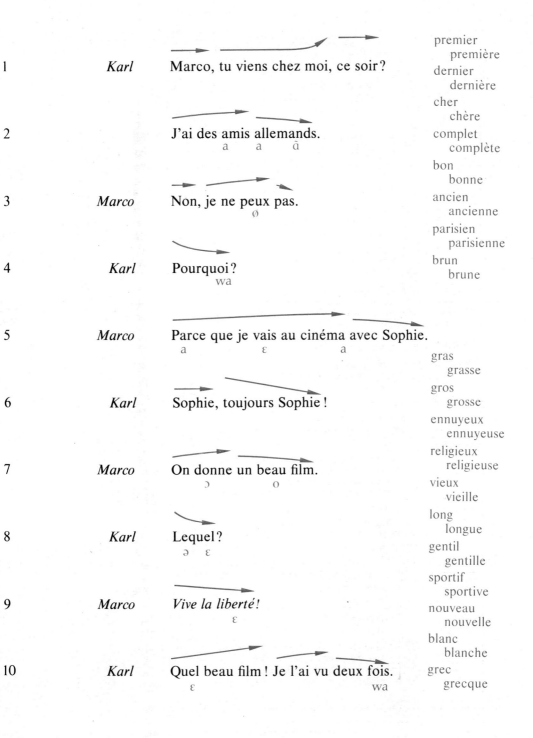

1	*Karl*	Marco, tu viens chez moi, ce soir?	premier / première
2		J'ai des amis allemands. a a ã	dernier / dernière
3	*Marco*	Non, je ne peux pas. ø	cher / chère
4	*Karl*	Pourquoi? wa	complet / complète bon / bonne ancien / ancienne parisien / parisienne brun / brune
5	*Marco*	Parce que je vais au cinéma avec Sophie. a ɛ a	
6	*Karl*	Sophie, toujours Sophie!	gras / grasse gros / grosse
7	*Marco*	On donne un beau film. ɔ o	ennuyeux / ennuyeuse religieux / religieuse
8	*Karl*	Lequel? ə ɛ	vieux / vieille long / longue
9	*Marco*	*Vive la liberté!* ɛ	gentil / gentille sportif / sportive
10	*Karl*	Quel beau film! Je l'ai vu deux fois. ɛ wa	nouveau / nouvelle blanc / blanche grec / grecque

Amour et cinéma

11 Quel est le réalisateur?
    a   za œ

12 *Marco* Un Norvégien, je crois.
             ɔ   jɛ̃   wa

13 Viens avec nous si tu veux.
                            ø

14 *Karl* Non : je regarderai la télé avec mes amis.
            a   e

15 Il y aura un reportage sur les ballets russes.
       ɔ a   ɔ   a   a ɛ

16 En couleur, ce sera très joli.
    œ   a   ɔ

17 *Marco* ... A propos, je suis fiancé.
             a   ɔ o   jɑ̃

18 *Karl* Vraiment? A qui?
            ɛ   ɑ̃

19 *Marco* A Sophie, bien sûr!

20 Nous nous marierons en juillet, à Saint-Germain-des-Prés.
                a   ʒɥi-jɛ   ɛ̃   ɛ   ɛ̃

Tableaux structuraux

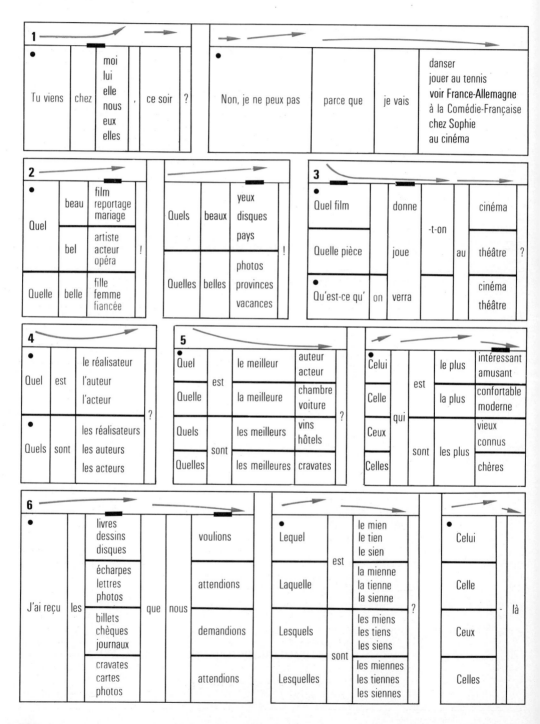

1

• Tu viens	chez	moi lui elle nous eux elles	,	ce soir	?

• Non, je ne peux pas	parce que	je vais	danser jouer au tennis **voir France-Allemagne** à la Comédie-Française chez Sophie au cinéma

2

• Quel	beau	film reportage mariage	!
	bel	artiste acteur opéra	
Quelle	belle	fille femme fiancée	

Quels	beaux	yeux disques pays	!
Quelles	belles	photos provinces vacances	

3

• Quel film	donne			cinéma	
		-t-on			
Quelle pièce	joue		au	théâtre	?
• Qu'est-ce qu'	on	verra		cinéma théâtre	

4

• Quel	est	le réalisateur l'auteur l'acteur	?
• Quels	sont	les réalisateurs les auteurs les acteurs	

5

• Quel		le meilleur	auteur acteur	?
Quelle	est	la meilleure	chambre voiture	
Quels		les meilleurs	vins hôtels	
Quelles	sont	les meilleures	cravates	

• Celui		le plus	intéressant amusant	
Celle	est	la plus	confortable moderne	
Ceux	qui		vieux connus	
Celles	sont	les plus	chères	

6

• J'ai reçu	les	livres dessins disques	voulions	que	nous
		écharpes lettres photos	attendions		
		billets chèques journaux	demandions		
		cravates cartes photos	attendions		

• Lequel		le mien le tien le sien	?
Laquelle	est	la mienne la tienne la sienne	
Lesquels		les miens les tiens les siens	
Lesquelles	sont	les miennes les tiennes les siennes	

• Celui	- là
Celle	
Ceux	
Celles	

7

Vous avez déjà	vu ce film invité ce monsieur montré votre passeport rempli le réservoir appelé M. Roche repris du café pris de l'essence mangé du camembert bu du cognac changé de voiture	?

Oui,	je	l'		vu invité montré rempli appelé	deux fois
	j'	en	ai	repris pris mangé bu changé	

8

A propos	,	Sophie et Marco se sont fiancés	?
		tu es toujours en chômage	
		tu as trouvé du travail	
		tu n'as toujours pas le téléphone	
		tu pars toujours au Brésil	
		Santos a battu St-Étienne en football	

Bien sûr	!
Oui, toujours	
Non, pas encore	
Si, depuis hier	
Oui, dans 8 jours	
Bien sûr	

Quel film avez-vous vu ? ⟶ **Lequel ?**
Quel film ! ⟶ **Quel beau** film !

aller	je vais, tu vas, il va nous allons, vous allez, ils vont allez ! va ! vas-y ! allons !	je suis allé(e) j'allais j'irai
croire	je crois, tu crois, il croit nous croyons, vous croyez, ils croient croyez ! crois ! croyons !	j'ai cru je croyais je croirai
venir (tenir **j'ai** tenu)	je viens, tu viens, il vient nous venons, vous venez, ils viennent venez ! viens ! venons !	je suis venu je venais je viendrai
courir	je cours, tu cours, il court nous courons, vous courez, ils courent courez ! cours ! courons !	j'ai couru je courais je courrai

Exercices oraux ou écrits

81 A partir de l'exemple, construisez des phrases sem-blables avec les éléments donnés :	Exemples
a Venir ce soir; chez moi (tu), chez lui (elle), chez nous (vous), chez eux (vous)	*Tu viens ce soir chez moi? Non, je ne peux pas parce que je vais au théâtre.*
b Un mariage, un acteur, une fiancée, une fille, des garçons, des vacances, des photos	*Quel beau mariage!*
c Le réalisateur, l'auteur, l'acteur	*Quel est le réalisateur? Qui est le réalisateur? Quels sont les réalisateurs? Qui sont les réalisateurs?*
d Un acteur, une voiture, des vins, des chambres	*Quel est le meilleur acteur? Celui qui est le plus amusant.*
e Vouloir des disques Attendre des lettres Demander des journaux Attendre des photos	*J'ai reçu les disques que nous voulions. Lequel est le mien? Celui-là. Lesquels sont les miens? Ceux-là.*
f Voir ce reportage Montrer son passeport Appeler Monsieur Roche Reprendre du café Manger du gâteau Boire du champagne Parler au patron Téléphoner à la dactylo Écrire à ses parents	*Vous avez déjà vu ce reportage? Oui, je l'ai vu deux fois.* *Vous avez déjà repris du café? Oui, j'en ai repris deux fois.* *Vous avez déjà parlé au patron? Oui, je lui ai parlé deux fois.*
82 Mettez aux trois personnes du pluriel : Je croirai à la liberté; je crois à la liberté; je croyais à la liberté; j'ai cru à la liberté. J'irai chez eux à huit heures et j'en reviendrai à dix heures; j'y vais à huit heures et j'en reviens à dix heures; j'y allais à huit heures et j'en revenais à dix heures; j'y suis allé à huit heures et j'en suis revenu à dix heures.	

Variétés

Cinéma

Elle	Qu'est-ce qu'on fait ce soir?
Lui	Allons au cinéma.
Elle	Voir quel film?
Lui	Au Rex, on passe un policier :
	Le mystère du garage.
Elle	Je l'ai déjà vu avec maman.
Lui	Alors, allons au Palace?
	On y donne un beau film d'amour.
Elle	Lequel?
Lui	*Toi, c'est moi.*
Elle	Oh! ça doit être bien.
	Va devant, pour faire la queue.
	Je viens dans dix minutes.
Lui	Qu'est-ce que je prends?
Elle	Deux balcons, si c'est possible.
Lui	Entendu. Dépêche-toi de t'habiller.

Les débuts du cinéma

Aujourd'hui, tous les gens vont au cinéma. Et les jeunes croient peut-être que le cinéma est aussi ancien que le théâtre. Pourtant, il n'a pas cent ans.

Le premier spectacle cinématographique a eu lieu à Paris, dans une salle de café, le 28 décembre 1895. Au programme, il y avait dix petits films : *Les Poissons rouges, L'Arrivée d'un train, La Mer,* etc. Quel étonnement pour les spectateurs! ils voyaient les feuilles des arbres remuer sur l'écran, et, quand le train entrait en gare, les dames avaient peur et criaient.

La France en images

La cour de la Sorbonne

La télévision

Meeting d'étudiants

Un plat appétissant

Le docteur ausculte l'enfant

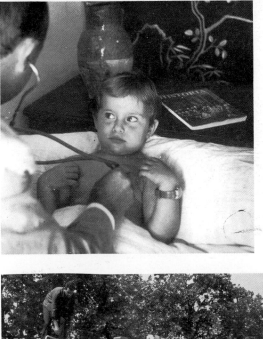

Le car de tourisme

Index

Index

Index

RÉFÉRENCES PHOTOGRAPHIQUES

Page 68
Haut : Galliphot-M. Laval. *Milieu :* Galliphot-B. Laurent. *Bas :* Galliphot-M. Tranel.

Page 69
Gauche : Galliphot-Peher. *Haut :* Galliphot-M. Tranel. *Bas :* Galliphot-C. Sauvageot.

Page 126
Haut et gauche : Rapho-Niepce. *Haut et droite :* Galliphot-J. Oudry. *Bas et gauche :* Galliphot-G. Bidolet. *Bas et droite :* Galliphot-J. C. Thiallier.

Page 127
Haut : Galliphot-P. Regard. *Milieu :* Galliphot-B. Laurent. *Bas :* Galliphot-J. C. Thiallier.

Page 184
Haut : Rapho-Ciccione. *Bas :* Rapho-P. Berger.

Page 185
Haut : Rapho-Simonet. *Milieu :* Rapho-Ciccione. *Bas :* Rapho-Niepce.

Page 242
Haut : Galliphot-Dorrit Revault. *Milieu :* Rapho-Belzeaux. *Bas :* Galliphot-A. Roger.

Page 243
Haut : Galliphot-G. Merlino. *Milieu :* Galliphot-Soprefa. *Bas :* Galliphot-B. Laurent.

Table

Imprimé en France par BRODARD GRAPHIQUE — Coulommiers-Paris HA/6123/2
Dépôt légal n° 4816-5-1987 - Collection n° 18 - Édition n° 24